# シルクロードの光と影

野口信彦

めこん

# 目次

0
200km
国境
省・自治区境
主要道路
川
タイ山脈
モンゴル
ルファン
伊吾
ハミ
山脈
山 脈
内モンゴル自治区
バダインジャラン砂漠
安西
敦煌
玉門
嘉峪関
酒泉
祁連山
祁連山脈
張掖
甘粛省
武威
イダム盆地
ゴルムド
青海湖
西寧
寧夏回族自治区
蘭州
青海省
咸陽
西安
陝西省

カザフスタン
タラス
タラス河
ビシュケク
アク・ベシム遺跡
アルトマイ
フェルガナ山脈
クルグズ
イシククル湖
塔城
ボルタラ
アラシャンカオ
サイラム湖
カラマイ
マナス湖
ジュンガル盆地
コルガス
イーニン
イリ河
マナス河
コルバンギュト砂
マナス
チャンギ
ウルムチ
ボゴダ山
ジム
天山山脈
温宿
拝城
ウチュトゥルパン
アトシュ
トゥムシュク
アクス
トクス
クチャ
シュルチュク
ダーバンチャン
トクスン
カシュガル
ケリピン
アワット
シャヤ
ルンタイ
タリム河
コルラ
ボステン湖
アイディン湖
トルファ
コングール山
インギサル
マラルベシ
カラクリ湖
ムズターグアタ山
ヤルカンド河
メキト
新疆ウィグル自治区
カラシャハール
クルク
パミール高原
ヤルカンド
タリム盆地
ホータン河
沙漠公路
孔雀河
タシュクルガン
カルガリク
楼蘭遺跡
クンジュラブ峠
グマ
タクラマカン砂漠
カラコルム山脈
カラドーン遺跡
チェルチェン遺跡
ミーラン遺跡
ホータン
ニヤ遺跡
チャルクリク
ミーラン
チェルチェン
アルトゥン
ロプ
ニヤ
ケリア
パキスタン
崑崙山脈
チベット自治区
インド

# はじめに——シルクロードの懐深く分け入って

日本はいま、空前の旅行ブームといわれており、中高年層を中心にアドベンチャーツアーや秘境への旅などが盛んである。中でも人気があるのはシルクロードの旅であろう。NHKでは、二〇〇五年はじめから一年間にわたって「新シルクロード」を毎月一回放映し、四半世紀前の「シルクロード」ブームの再来をもくろんだ。しかし、私の見たところ、その内容には視聴者向けの演出が過剰で、首をかしげるような場面も多かった。

現在、外国メディアによる新疆・シルクロードの取材には大きな規制がある。一つは、中国が「改革開放政策」を掲げ、市場経済制度を導入して驀進しているさなか、高額の取材料を求められること、二つ目は、中国政府当局にとって好ましくない出来事を取材・報道することは厳しくチェックされることである。したがって、NHKなど外国のマスメディアの取材では中国政府の基準に沿ったものしか放映されないということが常態になっている。

私は一九六五年初頭、北京体育学院へ留学したが、翌年五月に中国共産党主席の毛沢東によって発動された、いわゆる「文化大革命」の嵐に巻き込まれ、一〇ヵ月間にわたって日中両紅衛兵による理不尽な攻撃を受けるという経験をした。しかし、それでも、中国は私が青春の一時期を過ごし学んだ第二のふるさとである。この国が、日本や欧米先進国のように、人権、民主主義、出版・集会・表現の自由、そして政府・執政党を批判する自由が保障されるような民主主義国として進歩・発展し、アジアのみならず、世界にその範を示してもらいたいと心から望んでいる。

私が最初に本格的にシルクロードの風に触れたのは、一九九〇年夏、カザフスタン側の天山山脈へ山登りに行った時のことである。北京→ウルムチ→イリと飛行機を乗り継ぎ、やっとのことで陸路、国境を越えて、アルマ・アタ（当時のカザフスタン共和国の首都の名前）に着くと、カザフ登山委員会のメンバーがしびれをきらして待っていた。国境地帯には、中ソ紛争の名残のトーチカや塹壕が生々しく残っていたことを覚えている。

それ以降、私は国際会議や山登りなどで何度かクルグズ（キルギス）、ウズベキスタン、タジキスタン、イランなどの国々を訪れた。新疆にはもう何回行ったか覚えていないが、おそらく二〇回以上、三〇回近くになるだろう。彼の地でのウイグル人をはじめとしたさまざまな民族の人々との交流を通じて、私は彼らの伝統的な文化や、それまであまり知らなかったイスラームという宗教の規範や教えなど、多くのことを知ることができた。そして、そこには多くの日本人が忘れかけている日本の「良き伝統、麗しい習慣」に共通するものもあったことに気がついたのである。

日本のシルクロード研究の先達、加藤九祚先生は、次のように述べている。

「学問・宗教・法律など文化に関するあらゆる文物や物品をして、国家や民族に関係なく、それを欲する人びとのところへ自由に流通せしめよ」〔加藤九祚『シルクロードの大旅行家たち』〕。

私はこの言葉が「シルクロード」を考える際の基本であると思っている。

シルクロードには、三つのルートがある。

一つは「天山北路《てんさんほくろ》」である。長安からモンゴル高原を通る草原路——いわゆる「ステップルート」である。かつてはこのルートがシルクロードで最もオーソドックスな交易路で、スキタイや匈奴、突厥《とっけつ》などの諸民族、そしてあのチンギス・ハーンが、この草原を疾駆した。ほぼ北緯五〇度あたりを東西に横断するルートである。

二つ目は、天山山脈南麓から中央ユーラシアのオアシスを、これもほぼ北緯四〇度近辺を東西に横断する「天山南路《てんさんなんろ》」——「オアシスルート」で、日本人には最もポピュラーなルートである。

「天山南路」は、黄河中流域の中華文明の中心をなす「中原《ちゅうげん》」の都長安を出発点として、「河西回廊《かせいかいろう》」を西に行き、西域に入って敦煌から南北二つの道に分かれる。一つは、敦煌からロプ・ノール付近のオアシス、さらにミーラン、ニヤ、カラドーン、ホータン、ヤルカンド、カシュガルに達するルートで、天山南路の「西域南道《さいいきなんどう》」である。

もう一つのルートは、敦煌を出発し、楼蘭から西北に進み、トルファン、カラシャハール、コルラ、クチャ、アクスを経てカシュガルに至る「西域北道《さいいきほくどう》」である。「天山南路」の「西域南道」と

「西域北道」はともに、タクラマカン沙漠を包含するタリム盆地を横断し、カシュガルで合流するわけである（以降「天山南路」を省き、「西域南道」「西域北道」とのみ記す）。

そして、三つ目が「海のシルクロード」である。このルートは、紅海あるいはペルシア湾からインド洋を横断し、東南アジアを経由して中国を往来する海のルート、「南海路」である。しかし、海のシルクロードを頻繁に往来するようになっても、ほかの二つのルートが消滅したわけではない。一五～一七世紀の大航海時代、フランス、イギリス、スペインやポルトガルなどの国々が、産業革命を通じて得られたヨーロッパの優越性を強調しようとするあまり、シルクロードの存在を世界史から消去しようとしただけなのである。しかし実際には、ステップルートもオアシスルートも中央ユーラシアを貫く重要な交易ルートとして、活発な活動を続けていた。

今日、シルクロードといえば、一般的には、このうちの「オアシスルート」を指す。この沙漠の交易路は、古来、多くの使節・官吏や商人などが往来した。私たちは張騫《ちょうけん》、甘英《かんえい》、法顕《ほっけん》、マルコ・ポーロ、イブン・バットゥータなど、旅行記に名を残した人びとの名を知るのみだが、歴史に名をとどめることのない無数の旅人もこの道を往き来したのである。

スキタイの黄金人間像、ミイラになって復活した楼蘭の美女、トルファンやクチャなど各地の仏教遺跡群、崑崙《こんろん》山脈の玉《ぎょく》や金銀器・陶磁器などの貴重な歴史遺産は、こうした数かぎりない人と物の交流から生まれたものなのであろう。それは、二一世紀の現代に生きる私たちに無限のロマンと夢を与えてくれる。

さて、二〇〇四年一〇月、二〇年に及ぶ山岳団体の本部事務局長の任を、定年を一年過ぎて退任した私は、解き放たれた「羊」のように一路、中国・新疆ウイグル自治区タクラマカン沙漠のオアシスルートとステップルートの旅に向かった。私の旅のルートは次のようなものである。

まずウルムチからトルファンに向かい、トルファンをベースキャンプに据えてから新疆東端のオアシスの街ハミ（ウイグル語ではコムル）へ。トルファンにもどってから、今度はトルファン在住のオスマン君が所有している中古の車をチャーターし、彼の運転でコルラ、クチャ、アワット、シャヤ、カシュガル、アクス、ヤルカンド、ホータン、ロプ、ケリアを一ヵ月ほどかけてまわり、タクラマカン沙漠横断道路を通ってコルラから再びトルファンにもどった。

しばらくトルファンに滞在してから、次は一路、七〇〇キロ離れた河西回廊の地・敦煌に向かった。敦煌からの帰途、再びハミにもどり、こんどはルクチュン、ピチャン、再びトルファンへ。次はウルムチに行って長年の友人のT君に会い、彼の案内でステップルート、カザフスタンとの国境の街イリ（イーニン）に飛行機で入った。ウルムチに戻ったのは一二月、飛行機を含めたシルクロードの旅の総距離は一万五〇〇〇キロに及ぶものになった。

今回の旅では、過去数十回に及ぶシルクロードの旅では知ることができなかった、あるいは想像だにできなかった新しい世界を垣間見ることができた。これまで私の接するウイグル人は、都市住民の比較的生活の安定している層の人々であったが、今回の旅で話を聞くことができたのは、農村地帯やさびれた集落の虐げられた民ともいえる人たちであった。彼らは例外なく先の見えない貧困にあえいでいた。女性は絶望的な差別に苦しんでいた。若者たちは夢を失い、欧米の悪しき文化に埋没しそうになっていた。それは「悠久のロマン」という華々しいイメージの陰にある、シルクロードのもう一つの「負の遺産」とでもいうべき姿であろう。

しかし、一方で、ウイグル民族の歴史と文化を継承しようと努力し、子どもの未来に情熱を傾ける教師たちや芸術家集団など、民族の尊厳を守ろうとする人々に感動させられたのも事実である。旅を終えた私の眼に映ったタクラマカン沙漠がこよなくいとおしいと思えたのは、私の小さな進歩かもしれない。

この本では、過去一五年に及ぶ旅の経験をもとに、シルクロードの魅力を私なりに整理するとともに、今回の旅で見聞きしたことをありのままにお伝えして、シルクロードの光と影を知っていただきたいと思う。

ガイド役のオスマン君は誠実にドライバーと通訳の仕事を果たしてくれたが、残念ながら彼の日本語はかなりあやしいものだった。そこで、帰国後、家族ぐるみの付き合いをしているウイグル人研究者のアルズグリ先生に、ウイグルの人たちとの数十時間に及ぶインタビューの録音をすべて聞いていただき、あらためて翻訳していただいた。したがって、アルズグリ先生は、本書のもう一人の執筆者とも呼べる存在である。そのことを特に記して、感謝の気持ちを表わしたい。

# 第1章　世界最大の国際都市であった長安

長安城の城壁。人々はここからはるかな西域の旅に出た。

草堂寺でクマーラジーヴァ（鳩摩羅什）によく似た僧と出会った。右はアルグズリ先生。

大雁塔。玄奘（げんじょう）はここで大量の仏典を翻訳・整理して紹介した。

# シルクロード文明の起点・長安

シルクロードの起点はというと、古代中国の諸王朝が都を置いた国際都市長安（現在の西安）こそがその名にふさわしい。西安は陝西省の省都で、黄土高原地帯の関中平野の中央部に位置する。北には秦嶺《しんれい》山脈がそびえ、南には渭水《いすい》が流れる。平均気温は一四度くらい。人口は二〇〇万人を越える。西安の城壁は一周が約一四キロだが、これは唐の時代のほぼ内城にあたり、かつての八分の一から一〇分の一ほどに縮小されていると考えればわかりやすい。

中国数千年の歴史の上でも、長安という都は特別な位置にある。八世紀、唐の玄宗皇帝の時代には、人口一〇〇万を擁し、世界最大の国際都市といわれたが、それ以前から、長安は中国の中心・世界の中心であった。

中国の王朝で最初に長安に首都を置いたのは、「西周」の文王である。紀元前一一〇〇年頃のことだった。西周は紀元前七七〇年に滅ぶが、その後「秦」が紀元前三五〇年に、現在の西安の北方にある咸陽に都を置いた。「秦」の始皇帝は紀元前二二一年に中国史上初の統一国家を打ち立てる。

この地に長安の名で首都を最初に置いたのは、劉邦が建国した「前漢」（紀元前二〇六〜紀元八年）である。前漢の長安城は現在の西安の西北約七キロのところにあった。以降、前漢を滅ぼした王莽《おうもう》の「新」（八年〜二三年）、「後漢」（二五〜二二〇年）の献帝、「西晋」（二六五年〜三一六年）の愍帝《びんてい》の時代、五胡一六国時代（三〇四〜四三九年）の「前趙」、「前秦」、「後秦」、南北朝時代（四三九〜五八九年）の「西魏」、「北周」など北朝の国々、そして「隋」（五八一～六一九年）、「唐」（六一八～九〇七年）と計一三の王朝が長安を都とした。

　前漢以後、東西交通の活発化により、長安は西方世界にも知られるようになり、四世紀はじめ、ソグド人の間では「クムダン」の名で呼ばれていた。ソグド人はペルシア系の民族だが、現在でも体系的な研究は発表されていない。しかし、当時の国際都市長安と西域を結ぶシルクロード交易の主役ともいうべき存在である。

　また四〜五世紀の前秦・後秦王朝下では、首都長安にクマーラジーヴァ（鳩摩羅什　三四四〜四一三年）など西方の仏教僧が多く集まり、仏典の翻訳・研究の一大拠点として、仏教の国際交流上重要な位置を占めた。

　長安には、仏教ばかりでなく、世界各地からさまざまな宗教が集まってきた。キリスト教ネストリウス派の景教、ペルシアからは拝火教あるいは祆教《けんきょう》といわれたゾロアスター教、ウイグルからはマニ教、チベットからはボン教、のちにはチベット仏教などが伝えられてきた。

　唐の首都長安城は、隋の大興城を引き継いで完成させたもので、現在の西安市街を含み、東西九・七キロ、南北八・六キロの巨大な都城であった。長安は唐代に繁栄したが、一〇世紀はじめの唐代末期に戦乱のため破壊された。のちに城内北部の一部が市街として再建され、明代には西安と呼ばれるようになって現存の城壁が築かれた。しかし当時の市街の規模は唐代の約六分の一に過ぎなかった。

現在、唐代の建築物として残っているのは、市街南部の大雁塔（玄奘《げんじょう》三蔵将来のインド仏典が安置された。当初五層、現在七層、高さ約六四メートル）と、小雁塔（当初一五層、現存一三層、高さ約四三メートル）のみである。ほかに市内の歴史的名所としては、唐代の東西文化交流を偲ばせる文物を数多く収蔵する陝西歴史博物館や西安碑林博物館、唐代興慶宮の遺跡を整備して作られた興慶公園などがある。

しかし、一〇世紀以降、長安は二度と中国の都にはなれなかった。長安が同じ遊牧・農業の境界線上に位置する北京に取って代わられた理由は、海に面していないことと、九世紀以降に中央ユーラシアで生じた陸路から海路への交通システムの転換に応じきれなかったからである。また、遊牧・狩猟民族の活動拠点が東北に移動して、軍事最前線から遠ざかったこと、主要穀倉地帯に成長した長江下流域との水路・海路による連結が困難であったことなどが指摘できる。つまり、長安の都は、シルクロードが東西交易の主要ルートであった時代を代表する都だったのである。［小松久男ほか編『中央ユーラシアを知る事典』］

## 謎のソグド人

唐王朝を震撼させた「安史の乱」の張本人である節度使《せつどし》（辺境各地の傭兵軍団の司令官）の安禄山と史思明の二人は、いわゆる胡人（「胡」は漢民族が西域や北部の遊牧民を蔑んだいい方）、おそらくソグド人であったといわれている。

「安史の乱」は八世紀の中ごろ、唐の玄宗・粛宗の時代に、安禄山・慶緒父子と史思明・朝義父子が起こした反乱である。七五五年に現在の北京付近の幽州范陽で挙兵すると、翌年には洛陽で安禄山が皇帝に即位し、「大燕」国の樹立を宣言した。その後まもなく、首都長安の東の守りである潼関を破ると、玄宗は「蜀」に向けて逃走した。その太子であった李亨は西北の霊武で帝位に就き（粛宗）、唐朝の再興をめざした。唐朝側が朔方節度使（突厥《とっけつ》を対象とした節度使）郭子儀をはじめとする西北辺の軍兵に加え、モンゴル高原に拠るウイグルの遊牧騎馬軍の助けを得て、七五七年に長安、七六二年に洛陽を奪還していく中で、反乱側では七五七年、安禄山が次男の慶緒に殺され、その慶緒も配下の史思明に、さらに史思明も長男の朝義に殺害されるなどの内紛と混迷が続いた。七六三年に史朝義が部下の裏切りによって殺されると、反乱はようやく終息を迎えた。

「安史の乱」は唐朝ばかりでなく中国にとっても大きな事件だった。安禄山と史思明たちは突厥（トルコ系遊牧民）と混血のソグド人いわゆる「ソグド系突厥」だったようだ。つまりこれは、シルクロードの通商ルートをめぐる、ソグド系突厥、突厥、契丹《きったん》（モンゴル系遊牧民）などの遊牧民族連合と唐、ウイグルとの争いであった。さらに両者の軍団に多くの遊牧民が加わっていたことから、この反乱勢力は渤海や東ウイグル可汗国とともに、征服王朝としての「遼」（契丹）王朝の先駆けをなすものともみられている。

一方、玄宗の側もウイグル族の遊牧騎馬軍団に助けられて、ウイグル族に多くの富と官位を与え、かつまた交易の優先権を与えたので、ウイグル族はソグド人に続いて漢民族王朝で強力な権力を手に入れたのである。

［この項、龍谷大学・中田裕子「唐代ソグド系突厥の反乱――通商ルートの支配権をめぐって」（第四回遼金西夏史研究会報告、二〇〇四年二月）を参考にした］

シルクロードが最も輝いていた四～八世紀、東西の交易を独占し、その後、イスラーム圏に埋没していったソグド人。中国やモンゴル高原の遊牧民への彼らの影響は、文化・政治・軍事にまで及んだ。モンゴル文字や満州文字のもとになった古代ウイグル文字は、遊牧民だったウイグル人がソグド文字を借りて古代ウイグル語を表記したのが始まりだといわれている。これらの理由によって、「ソグド人はウイグル人の祖先である」という言葉を新疆各地のウイグル人から繰り返し聞いた。しかし、歴史の表舞台に登場することの少なかったソグド人に関するまとまった記録はあまり残っておらず、彼ら自身もまた自らの歴史を書くことはしなかったので、詳しいことはほとんどわかっていない。

幸い、第二次世界大戦後、ソ連の考古学者とその後継者たちが行なってきた遺跡の発掘や、昨今の中国各地での発見は、今まで全く知られていなかったソグド人たちの実像の一端を垣間見せてくれた。最近になって西安で発掘されたソグド人の墓から得られた遺物などからも、彼らの権力と文化が想像以上のものであったことがわかる。

二〇〇六年四月二六日付『朝日新聞』を引用する。

西安文物保護考古処によると、都を囲む城壁の外側へ北側に数キロ離れた付近で、二〇〇〇年以降、ソグド人の墓三基が相次いで出土した。

　北周時代のもので、家の形に築かれた石槨（せっかく）のなかに遺体を安置する石製ベッドが置かれていた。石槨の外壁などには、帽子をかぶり、ひげをたくわえた鼻の高い人物や、ゾロアスター教の炎が描かれている。

　墓誌が残っていたため、墓主の名前が判明。「安伽」「史君」、「康業」。同考古処の孫福喜所長によると、中国に定住したソグド人は、安（ブハラ）、史（キッシュ）、康（サマルカンド）など中央アジアの出身地に応じた姓を持つのが特徴。この姓や炎などから墓主はいずれも、ソグド人とみられるという。……ソグド人の墓の発掘で得られた成果に現わされているものは、彼らの権力と文化が想像以上のものであったことが理解できる。長安の小雁塔の敷地の中にある資料庫で「安伽墓（あんかぼ）」の墓室を囲んでいた石のレリーフにも、西域の薫りたつ絵柄の上に、ところどころ金の塗料が残っている状態だった。スキタイ以降の黄金文化を保っていたソグド人の裕福さが偲ばれる。

　最盛期の長安では、ソグド人をはじめ、約一〇万人の外国人が定住していたといわれる。二〇〇四年には、日本からの遣唐使だった井真成《せいしんせい》の墓誌が発見された。二〇〇五年には、ソグド人の康業墓のわずか五〇〇メートル北で新たな外国人の墓が出土した。墓誌の記述からはインド人と推測されるが、はっきりしていないという。おそらく「唐」は多様な民族が交流し融合して生まれた国だったのだろう。ソグド人の歴史を解明することは、この国際的な帝国の内実に迫る重要な手がかりとなるはずだ。

ソグド商人はまた、海のシルクロードでも活発な交易活動を展開し、日本にも来たことが証明されている。例えば、法隆寺献納宝物の沈香《じんこう》一点と白檀《びゃくだん》二点に刻まれた刻印と焼印は、八〜九世紀のソグド商人の海と陸にわたる交易のネットワークについて、次のような手がかりを示している。

・白檀に記された墨書は天平宝字五年（七一六年）のものである。

・刻名の文字はパフラヴィー語（中期ペルシア語）で「ボーフトーイ」（人名）とある。

・焼印の文字はソグド文字で「ニーム・スィール」とある。

さらに、奈良時代、唐招提寺を開いて日本の仏教の基礎を作ったといわれる鑑真《がんじん》（六八八〜七六三年）は唐の僧だが、彼と一緒に来日して唐招提寺の二代目住職となった安如宝《あんじょほう》という僧はソグド人だといわれている。まだまだわからないことが多いソグド人の活動は、知れば知るほど夢とロマンをかきたててくれるシルクロードの象徴だといってもいいだろう。

［この項は、「ハルブーザ会」における家島彦一氏の「海の道再発見――海洋交流から見たダイナミック・アジア史――」および財団法人秀明文化財団による「ＭＩＨＯ　ＭＵＳＥＵＭ　研究紀要　第四号」における、加藤九祚氏の「講演資料」中のシンポジウム「中国の中央アジア人――シルクロード東端の発見」における出席者の発言を参考にさせていただいた］

# 第2章　中央ユーラシア最大の仏教遺跡・敦煌

河西回廊をトルファンから敦煌に向かう。左に続いていた天山山脈はこのあたりから低くなり、やがてゴビ灘に消えていく。

新疆と甘粛省の省境で

莫高窟は砂の山の中にある。絶え間ない流砂の中でその維持は困難を極める。

鳴砂山と月牙泉

## 東西両文明の通過点・河西回廊

蘭州の街から黄河を渡ると、北には砂礫沙漠のゴビ灘が広がり、南には夏でも雪を戴いた祁連《きれん》山脈が連なる。その間に点在するオアシスとオアシスをつなぐ狭い地域を河西回廊《かせいかいろう》という。河西回廊には、武威《ぶい》、張掖《ちょうえき》、酒泉《しゅせん》、敦煌の四つの大きな都市がある。ここを河西四郡ともいう。漢の武帝（紀元前一五六〜紀元前八七年）が西域支配の拠点として、ここに河西四郡を置いて以来、敦煌を中心とするこの四つの都市は、中国の歴代王朝と西域の民族との間で争奪が繰り返されながらも、シルクロードの宿駅として栄えてきた。

葡萄の美酒　夜光杯《やこうはい》
飲まんと欲して琵琶馬上に催《もよお》す
酔うて沙場《さじょう》に伏すも君笑う莫《なか》れ
古来　征戦　幾人か回《かえ》る

これは唐の詩人王翰《おうかん》が西域に出征している兵士の心情をうたってあまりに有名な「涼州詩」（涼州の歌）である。涼州は現在の武威県にあたる。葡萄酒に酔い琵琶の音に聞きほれて、沙漠にダウンしたからといって、笑ってくれるな。ここから先、西域の戦いで無事に帰ってきた兵士が何人いるというのだ……。苛酷な運命を嘆きつつもどこかロマンチックなひびきがするのは、葡萄酒、夜光杯、琵琶、沙場といった言葉の醸し出すエキゾチズムのせいだろう。

「敦煌」という地名が最初に登場するのは司馬遷の『史記』だといわれている。漢の武帝が「匈奴」を挟撃するため「月氏」の協力を得んと張騫《ちょうけん》（？～紀元前一一四年）を使者として派遣するが、張騫は途中、匈奴に捕らわれて一〇年以上彼の地に抑留される。この間に見聞きした西域の事情を武帝に報告したことを書いたのが『史記』の「大宛列伝」であるが、この中に次のような一節がある。

最初、月氏は敦煌《とんこう》と祁連《きれん》山脈の中間地帯に居住しておりましたが、匈奴にうち破られてから、遠くへ逃げ去り、大宛を通過して西方へと向かい、大夏を攻撃してそれを支配しました。かくて嬀水《ぎすい》の北に住んでそこを根拠地としました。その残余の逃げることのできなかった少数の一群は、南山の羌《きょう》族居住地域を確保して、小月氏《しょうげつし》ととなえました。

［司馬遷『史記列伝』第五巻（小川環樹・今鷹真・福島吉彦訳）］

最初、河西地方にいた「月氏」はアーリア系·ペルシア系の遊牧民族であり、「匈奴」は紀元前三世紀ころから数百年にわたりモンゴル高原を中心に活躍した民族である。「大宛」とはウズベキスタンのフェルガナ、「大夏」はアフガニスタン北部にいた民族、嬀水は現在のウズベキスタンとトルクメニスタンを流れる大河、アム・ダリア河である。逃げ延びた月氏はここに「大月氏」国をつくり、逃げ遅れた月氏の一部は祁連山の羌《きょう》族の土地を領有して「小月氏」と称したというわけである。敦煌はこの時代に既に西域への入り口として名が通っていたのである。

## 沙漠の中の緑の島

甘粛省西北部にある敦煌は、北京から二〇〇〇キロのかなた、砂の大海に浮かぶ緑の島である。漢語でオアシスのことを「緑洲」と書く。いい得て妙である。敦煌周辺には漢朝の西端に位置した「玉門関」や「陽関」などの関所跡がある。ここから先は西域に至る大海である。オアシス都市を島にたとえるなら、隊商が使ったラクダはさしずめ、船にあたるだろう。

敦煌は古来、中国王朝の版図の西端に位置し、シルクロードの要衝として栄えた中継地であった。現在、新疆ウイグル自治区には入っていないが、明らかに西域オアシスの文化圏に含まれる。

タクラマカン沙漠周縁に住むトルコ系・ペルシア系など諸民族を総称して「タクラマカン人」と呼ぶとすれば、敦煌はまさにタクラマカン人が中国に最初に西域文化を持ち込んだ緑の島であった。

敦煌育ちの有名な僧に竺法護《じくほうご》（二三九〜三一六年）がいる。彼は長期にわたって西域を遊行する間に多くの西域諸語を修め、数々の経典を漢訳した。これらの訳経は玄奘《げんじょう》（六〇二〜六六四年）の訳経に比して「旧約」と呼ばれる経典の中心となっている。竺法護は敦煌菩薩という尊称を得ているが、それは既にこの地域に中国の支配が及んでいたことを意味する。

五胡十六国時代の騒乱時には、敦煌を都として、漢民族による「西涼」（四〇〇〜四二一年）が誕生している。そして、「唐」（六一八〜九〇七年）の末期には河西節度使が敦煌を中心に政権を確立し、周辺のホータン、甘州（張掖）、ウイグルと協調しつつ交易路の確保に努めて、西夏、モンゴル帝国時代に至ったが、唐代の繁栄には及ばなかったという。

## 千仏洞の奇跡

敦煌を世界的に有名にしたのは、集落の南東にある大石窟寺院遺跡「莫高窟《ばっこうくつ》」である。「千仏洞」ともいわれる莫高窟は敦煌市から東南二五キロ離れた鳴沙山の東麓に位置している。鳴沙山という名称は固有名詞ではなく、粒子のきわめて細かい砂の山を指し、その上を歩くと、歩くたびに音がするということで、このいい方になっている。それはゴビ砂漠も同様で、固有名詞ではなく、砂礫砂漠＝ゴビ灘を表す名詞である。

大泉河を隔てて三危山と向かい合い、洞窟群は高さ五〇メートルの崖壁の中腹に約一六〇〇メートルにわたってひっそりと並んでいる。西暦三六六年、楽僔《らくそん》という僧がここにやってきたところ、突然、金色の光が見え、ちょうど千仏がいるようであったという。そこで、ここに一つの洞窟を造営したのである。その時から莫高窟造営の歴史が始まったといわれている。

山の崖面に横穴を掘って石窟寺院を作るのは、もともとはインドから始まったとされている。インドのウダヤギリやカンダギリなどの石窟寺は、紀元前四世紀頃に作られたという。少し遅れて紀元前一、二世紀ごろから造営されたアジャンターの石窟群は特に有名である。エローラーなどは仏教のほか、ヒンドゥー教、ジャイナ教のものも共存している。

莫高窟は、四世紀から一四世紀まで、時代でいえば北涼、北魏、西魏、北周、隋、唐、五代、宋、西夏、元の約一〇〇〇年にわたって、掘り続けられた。石窟は、現存するものだけで四九二ある。時代別では、インド・西域様式を取り入れた二三の北魏窟、ササーン朝ペルシアの影響が見られる九六の隋窟、最も数多く見られるのは唐代の二一三窟である。唐、宋の木構造の窟が五ヵ所、壁画四万五〇〇〇平方メートル、彩色された塑像二四〇〇体余りが残っている。製作者はモンゴル、チベット、鮮卑、タングート、ウイグルなどの民族、および漢族である。

壁画や仏像、飛天像などの塑像はもちろん歴史的にも芸術的にもすばらしい価値のあるものだが、石窟内にはさらに、後に「敦煌文献」とも呼ばれることになる膨大な量の仏典、写本などが秘匿されていた。

これらの貴重な文献は一九〇〇年にこの地の道教の道士によって発見されたが、初めはその価値が認識されることはなかった。やがて、イギリスのオーレル・スタイン、フランスのポール・ペリオらの探検家が相次いでやってきて、発見者から購入し、本国に持ち帰ってから、その存在が世界的に知られるようになった。二〇世紀初頭、帝国主義列強の探検隊は、このようにして敦煌をはじめとする中央ユーラシアの貴重な文物を次々と本国に持ち帰ったのである。

オーレル・スタイン、ポール・ペリオ、ロシアのオルデンブルグ、ドイツの東洋学者グリュンヴェーデルやル・コック、スウェーデンの地理学者スウェン・ヘディン、日本では浄土宗西本願寺二二代当主大谷光瑞《おおたにこうずい》――これらの探検隊の多くはそれぞれの政府や王室の意向あるいは援助を受けて派遣されたのだった。学術探検隊という美名の下に潜む帝国主義・植民地主義の侵略性を見落としてはならないと思う。

以前から一般の中国人は当時の外国人探検隊を、盗人と呼んで憎んでいた。近年ではその歴史遺産の返還を求める声も高い。しかし、たとえ返還が実現しても、現在の中国における莫高窟の管理運営水準では維持管理が不可能なので、かえって困るという声があるのも事実である。

敦煌文書には、漢語以外にウイグル語・ホータン語・ソグド語・トカラ語・サンスクリット語・ヘブライ語など数多くの胡語文書が含まれており、歴史・宗教・言語・思想・文学など多方面の分野の研究に貴重な資料を提供した。これらによって、中国では、一九八三年に「中国敦煌・トルファン学研究」という研究領域が成立した。

日本では大谷光瑞の探検隊が一九〇二年、〇八年、一〇年の三回、敦煌や中央ユーラシア全域で仏教遺跡の発掘、文物の収集を行なった。その収集品のうち、西本願寺に所蔵されていた文物が一九五三年に龍谷大学に移管されたのを機に、西域文化研究会が発足した。一九九八年八月には『一八八六〜一九九二年敦煌・トルファン学論諸目録初編』という敦煌・トルファン学北京資料を中心とした目録叢が出版されている。

## 莫高窟探訪

以下に紹介する莫高窟の各石窟は、敦煌研究院が発行しているパンフレットからの翻訳に、多少の私見を加えたものである。

①**第二七五窟**　交脚《こうぎゃく》菩薩である。初めて見た時、私は「ここに歴史が封じ込められている」と感じた。交脚というのは脚をX字形に交叉させていることをいう。交脚といえば弥勒、弥勒といえば交脚というほど中国では普遍的なスタイルである。「北魏」（三八六〜五三四年）の時代のものである。座り方も異国的だが、衣装も中国風ではない。神秘的な胡神として、人々はいささか距離を置いて仰いだことだろう。莫高窟の仏僧たちは、この壁画の前に信者を集めて、お釈迦さんのありがたい前世の物語を聞かせたことであろう。

**②第二五九窟**（仏坐像――北魏）　近くに寄って、「ご機嫌いかがですか？」と挨拶したくなるほど親しみの持てる、穏やかな仏だった。

**③第二四九窟**（説法洞壁画――北魏）　説法洞の中は、空白をおそれるかのようにさまざまな壁画がひしめいている。上には菩薩、飛天、伎楽天などの壁画、下は天井壁画で、須弥山《しゅみせん》の上に、日月《にちげつ》をさしあげて仁王立ちになった四ツ目の阿修羅。その左右は横っ飛びの怪物――風伯《ふうはく》（風の神）と雷光である。

**④第四二〇窟**（塑像――隋）　隋の仏はどっしりしている。仏弟子迦葉《かしょう》はあくまでも人間らしく、そして脇侍菩薩《きょうじぼさつ》はあくまでも雲の上の存在らしく作られている。仏たちもようやく中国風になってきた。

**⑤第三九〇窟**（五代壁画供養人図）　この窟を寄進した供養人像が並んでいるが、どうやらみな女性のようである。その後ろに楽隊の列が続いている。どんな調べだったのか聴いてみたい気がする。同じ窟の下は隋の時代の天井画。天井中央の見事なデザインである。涼しげな光の放射が印象的である。首筋が痛くなるほどうっとりと見上げたものである。

**⑥第二八五窟**（山林仙人図および北魏の頃の天井画）　天井を天蓋に見たて、流蘇（モクセイ科の喬木。白

い花が咲くと雪のように美しい）が垂れているさまが描かれている。鳳や雷光などが天井にちりばめられ、天井基部にギザギザの峰が連続し、その中に修行僧がいる。

**⑦第三二〇窟**（説法図——盛唐）　アメリカのウォーナー博士の探検隊が壁画を剥がしたあとが生々しく痛々しい。ここから持ち去られた壁画はいまハーバード大学にある。

**⑧第三二二窟**（塑像——初唐）　あたたかい感じの諸像である。隋の名残をとどめ、少数民族の容貌もうかがわれる。豊満華麗の一歩手前という、若々しい時代の精神がにじんでいるようである。

**⑨第三二三窟**（壁画——初唐）　この三二三窟にもウォーナーが壁画を剥ぎ取ったあとがある。左下が白くなっている。同じ窟には張騫《ちょうけん》の西域の壁画がある。張騫は漢の武帝の時代に西域へ派遣され、匈奴の捕虜となったり脱走したり、大変な苦難に遭う。

**⑩第三二八窟**（唐の時代の塑像）　壇上の諸像はちゃんとそろっていたのに、片膝を立てた供養天四点のうち、一体がウォーナーによって持ち去られている。左下の菩薩像は複製であるが、ご本尊はいまごろどこでどうしているのやら。

**⑪第三二九窟**（供養人図――初唐）　唐代の貴族生活が描写されている。敦煌の壁画は美術史だけでなく、生活史の貴重な資料をも提供している。このような当時の人々の日常生活を壁画として寄進したものも多い。

莫高窟から少しはなれたところに「陳列館」がある。ここには、懐中電灯をつけなければよく見えない莫高窟千仏洞の壁画や仏像を、専門家が長い年月をかけて丹念にそして正確に模写したものが陳列してある。当然、本物ではないのだが、それらの作品は敦煌の仏教芸術にかけた彼らの深い愛情と執念を感じさせる。

いずれにせよ、帝国主義列強からの探検隊は、純粋な学術探検の意思はあったのかもしれないが、結果的には侵略性を強く帯びた植民地主義の片棒を担ぐことになり、東西文明と歴史の結晶である歴史遺産を奪い取っていったのである。ナイフで剥ぎ取ってしまったら芸術的な価値がなくなってしまうということがわからなかったのだろうか。きっと「遅れたアジア人のものを持っていっても、かまわない」とでも思っていたのだろう。愚かとしかいいようがない。

ともあれ、中央ユーラシア最大の敦煌莫高屈には、汲めども尽きぬ歴史遺産というロマンが詰めこまれているのである。

## 水不足に悩む月牙泉

敦煌のもう一つの見どころは「月牙泉」である。鳴沙山の谷あいに湧く三日月（漢語で月牙）型の泉で、東西二〇〇メートル、幅約五〇メートル、深さは平均五メートル。漢代から観光地として知られ、どんな時にも水は枯れたことがないという。しかし、一九七〇年代まで約一万六〇〇〇平方メートルあった湖水面積が、現在では約三分の一に減っている。月牙泉に数千年にわたって水を供給してきたのは、周辺の河川から染み込んだ地下水だが、中国北西部で進む降水量の減少に加え、上流のダム建設や敦煌の人口増、農業開発による井戸水の過度の採掘などで、地下水の水位が七〇年代と比べ一〇メートル以上低下しているのである。このため二〇〇一年から、月牙泉に年間五〇〇万立方メートルの水を直接補給する事業が始まったが、湖水量の減少傾向に歯止めはかかっていない。

地下水減少の影響は月牙泉だけではなく、敦煌市内の自然林の面積がここ数十年で約四割減少し、草原も七割以上が消えた。沙漠が急速な勢いで拡大し、約一八万人が住む市街地の水不足が深刻化している。このままでは敦煌の街も新疆の沙漠に埋もれた古代都市・楼蘭と同じ運命をたどると警告する声も出ているほどだ。

## コンピュータ・グラフィックでシルクロード再生

二〇〇四年が師走に入った寒い日に、トルファンから七〇〇キロのドライブを終えて敦煌に入った。零下二〇度、数日前に降った雪が固く凍りついた莫高窟周辺の光景は、荒涼として、身を切るような冷たさであった。

敦煌の町も観光客が極端に少なかったが、相変わらずの漢人の熱気はすさまじい。ホテルのレストランで久しぶりにおでんと刺身を食べたが、味はこの際、いわないほうがいいだろう。でも、熱燗はおいしかった。寒い日はこれに限る。

莫高窟には何度も入ったので、今回は入らなかった。まず、かねてからの知り合いである接待（ガイド）部長の季萍《りへい》さんにお会いした。折り悪しく彼女は、北京の中央政府から幹部がやってきていて会議中だとのこと。「せっかくお越しいただいたのに、時間がなくて申し訳ありません」と、関西大学に四年間留学したという流暢な日本語で話してくださったが、突然訪れた私のほうこそ恐縮するべきなのだ。会議のテーマは、多数訪れる観光客の吐く息で、莫高窟内の壁画が傷むことについて、どう対処するかということだというので、「日本では今、世界自然遺産の白神山地や自然保護地域に入山する時に、事前にビジターセンターで一定の教育をすることが課題になっていますよ」と話しておいた。

いま京都の大谷大学で、世界各地に散ったシルクロードの歴史遺産をＣＧで集約して壁画などを再作成する作業が進んでいるという。「シルクロードとコンピュータ」。これは中国政府と関係者のもうひとつの課題になるだろう。

ガイドのオスマンは、今回は相手が仏教なので、車からも出てこない。一般のウイグル人にとって、イスラーム以外の宗教は嫌悪すべき対象なのである。私のシルクロード研究の盟友であるアルズグリ先生が、ムスリムとしてきちんと古代ウイグル仏教の文献研究をすることに対してさえも非難されることがあるほどだから。しかし、シルクロードは仏教東漸の道でもある。仏教を無視してシルクロードを語ることは無意味だ。イスラームの地においても仏教の残滓はいたるところに存在する。仏教とイスラームの微妙な関係については、今後何度も目にすることになるだろう。

# 第3章　世界でもっとも海から遠い都・ウルムチ

観光名所紅山から見たウルムチの市街地

ウルムチからトルファンに向かう高速道路の車窓から。北側にボゴダ山が見える。

二道橋の定宿から見える美しいモスク

1881
二道桥市场
ERDAOQIAO MARKET
二道桥大剧院
君豪珠宝白玉城
二道桥市场二楼
ERDAOQIAO MARKET
二道桥市场
热烈庆祝二道桥市场124
二道桥地毯城
二道桥地毯城
8585000
聚焦民俗风情 传承丝路文化!
二道橋のバザール

二道橋のバザールで

# 新疆の中心・ウルムチ

新疆ウイグル自治区最大の都市は区都ウルムチである。首都といいたいが、自治区だから正しくは区都である。ウルムチはジュンガル盆地の最南縁にあり、天山山脈の南北両地域を結ぶ位置にある。面積は一万一四四〇平方キロと広いが、市区は八三五平方キロである。もともとは清朝時代、新疆省を統括する行政府の置かれた小さな街であったが、一九四九年の解放後、急速に発展した。

私が初めてウルムチに入ったのは一九九〇年で、その次は九八年だったが、二度目の時は高層ビルが建ち並び、八年ぶりの街は以前とは天と地ほどの変貌ぶりであった。その後、毎年ウルムチを訪ねることになったが、その発展ぶりはすさまじいものがある。

ウルムチは、新疆の政治・経済・交通・文化と軍事の中心である。定住人口約一六〇万人。漢族、ウイグル族、カザフ族、モンゴル族、回族などの一三民族が住む。ウルムチの最大の民族はウイグル族ということになっているが、実際は軍人と囚人を含めれば、漢族が最も多い。

細長い市街地のうち、南部の中枢にある二道橋地域は、ウイグル人や回族などが多く住み、モスクなどイスラームの色彩が強い。しかし、近年では近代高層ビルが立ち並び、ウルムチ河を埋め立てて高速道路建設が進むなどして、民族色も年々薄れている。もはやウルムチに本来のシルクロードの香りを感じることは、二道橋地域以外では困難になっている。その二道橋で感じるのも、観光客目当てにつくられた「シルクロードらしい雰囲気」のみだ。だが初めて訪れる観光客はそれに気づかないで、かなり満足している。

　この街は、古くは紀元前八世紀頃のスキタイ・サカ以降、各時代の遊牧民族の支配下にあったが、前漢時代（紀元前二〇〇年ごろ）に西域都護府が置かれ、初めて漢族王朝の支配下に入った。しかし、それ以降、中国王朝の力が弱まるたびに遊牧民族が領土を奪い返して独立国家を建国するという歴史が繰り返されてきたこともあり、一貫した漢民族王朝の領土ではなかった。

　ウルムチが本当の都市としての歴史を持つのは、明（一三六八〜一六四四年）代になってモンゴル族のオイラート部が築城してからである。清（一六四四〜一九一二年）代になると、清朝政府は多くの満州八旗兵をウルムチに駐屯させ、ウルムチを新疆支配の中心地とした。特に一九世紀にロシア帝国が東進してくると、対ロシアの軍事拠点としてさらに重要視され、町も発展を遂げた。

　ウルムチはまた現代新疆の交通の要衝でもある。外国からシルクロードをめざす旅人はまずウルムチにやってくる。中国各地からの鉄道、航空路もまずウルムチに集まり、ウルムチから新疆の地方都市へと散って行く。現在では、カザフスタンなど中央アジア諸国との国際路線も開通している。

　鉄道は蘭州との蘭新鉄道が早くから開通していたが、さらに北疆鉄道が北西に走り、一九九〇年秋、アラシャンカオでソ連側（当時）の鉄道とつながった。九九年にはウルムチからカシュガル間の鉄道・南疆鉄道が開通した。新しい鉄道の開通は新疆地域の経済の交流と発達にとって、計り知れない利益をもたらすといわれた。しかし、一方でウイグルなど諸民族の間では「これでいっそう漢民族による少数民族支配が強まるだろう」という見方があるのも事実である。シルクロードを考える時には、なにごとも常に二つの側面から考える必要があるということを痛感している。

## 新疆の概要

新疆はかつて中原から「西域」と呼ばれ、三つの大山脈とそれに囲まれた二つの盆地からなっているので、俗に「三山二盆」といわれている。因みに、新疆の「疆」という漢字をよく見ていただくと面白い。左側の弓へんに土という文字があるが、これは西トルキスタン（いわゆる現在の中央アジア）との国境を意味し、「土」の字は沙漠やゴビ灘（砂礫砂漠）を意味している。右側の横に引いた三本の線は、上からアルタイ山脈、天山山脈と崑崙山脈を指し、二つの「田」の字は、上から北新疆のコルバントンギュト沙漠のあるジュンガル盆地と南のタクラマカン沙漠のあるタリム盆地を指す。無論、漢民族の造語だが、さすが漢字文化の国ではあると思う。

しかし、この新疆という漢字の意味するところは、「新しいが、地の果ての、何もない土地」ということになるだろうか。さらにいえば、匈奴の「匈」は兇悪犯人の意味に通じるだろうし、突厥の「厥」は現在の「欠」にあたり、蒙古の「蒙」も無知蒙昧の「蒙」の意味になる。すべて中華思想に基づいた漢字だが、名づけられた側としては、勝手に自分たちの名前を貶《おとし》められて書かれて、ずいぶん失礼なことだと思う。さぞかし気を悪くしていることだろう。私は日本人のほとんどが何の抵抗も覚えずに使用している「少数民族」という言葉を極力使わないようにしている。これは民族を差別する言葉だからであり、日本人が「中華思想」を黙って受容している無神経さに疑問を感じてもいる。ウイグル人たちからは、「私たちは自分たちをけっして少数民族だとは思っていません。数の多い民族が勝手に言っているだけのことなのです」とよく聞かされる。

さて、新疆の北にはロシア南部からモンゴルにかけてアルタイ山脈が連なり、カザフスタン、クルグズ、中国の国境地帯に天山山脈が走る。天山山脈の南の果てはもう、タジキスタン、アフガニスタンにまたがる「世界の屋根」――パミール高原である。そして、パミール高原に接し、南へそして東へ延々と続いてチベットの北の境界となっているのが崑崙山脈である。

アルタイ山脈と天山山脈の間に広がるジュンガル盆地の面積は日本全土とほぼ等しく約三八万平方キロ。天山山脈と崑崙山脈に挟まれているのがタリム盆地で、面積は約五三万平方キロ。タリム盆地の中にタクラマカン沙漠がある。面積は三二・四万平方キロ、砂丘からなる移動性の沙漠で、アフリカのサハラ砂漠についで、世界第二位の面積を持つ。私はタクラマカン「沙漠」というように、石へんの「砂」ではなく、さんずいの「沙」の字を使用するようにしている。イメージもタクラマカン沙漠の実際のイメージとぴったりだからである。タクラマカン沙漠の地下資源は豊富で、石炭の推定埋蔵量は全国の推定埋蔵総量の三七・七%を占め、石油、天然ガスの推定埋蔵量は三〇〇億トン、全国の推定埋蔵総量の二五%を占める。

タリム盆地は太古、海だった。その後、おそらく紀元前八〇〇年紀くらいから高度な文化を持ったスキタイ・サカという遊牧騎馬民族が現れた。中国の王朝が西域とその西の存在を知ったのは紀元前二世紀の末、前漢の武帝の時代に張騫《ちょうけん》が現在の新疆を含めた西域・中央アジアに派遣されてからだといわれる（三一ページ参照）。

『漢書《かんじょ》』西域伝によると、当時、タリム盆地のオアシスを中心とした都市国家、鄯善《ぜんぜん》（楼蘭）国、于闐《うてん》国（現在のホータン）、莎車《さしゃ》国（ヤルカンド）、琉勒《そろく》国（カシュガル）、亀兹《きじ》（クチャ）、焉耆《えんぎ》国（カラシャハール）などには、それぞれ一万数千人から八万人余りが住んでいたという。これらの都市国家の住人は主に農耕に従事していたようである。

現在の新疆ウイグル自治区は中華人民共和国の中では最も大きい省・自治区である。中国全体の面積は約九六〇万平方キロで日本の二六倍ほどの広さだが、新疆ウイグル自治区の面積は一六六万平方キロ、日本の約四・三倍、中国の総面積の六分の一を占めている。

北東部はモンゴル、西はロシア、カザフスタン、クルグズ、タジキスタン、南西部はアフガニスタン、パキスタン、インドと接し、国境線は五六〇〇キロという長大なものであり、国境線の最も長い省（区）となっている。

人口は二〇〇〇年一一月の人口調査で一九二五万人、そのうちウイグル族は八〇二万人である。だが、中国政府はどういうことか、人口を「国家機密」扱いにしているようである。実際は八五〇万人を越えているとみて間違いない。本当の数字を発表しても何の問題もないと思うのだが。

農業・林業・牧畜業に利用できる土地面積は約六八〇〇万ヘクタールで総面積の四一・一九％を占める。

そのうち開墾可能な土地は九三三万ヘクタール、既に開墾された土地は四〇七万八七〇〇ヘクタール、利用可能な天然草地は四八〇〇万ヘクタール、人工草地は六六万六七〇〇ヘクタールで、中国の五大牧畜区の一つとなっている。

自治区内には二八の自然保護区があり、総面積二一・八万平方キロ、自治区総面積の一〇分の一を占めている。最初に自然保護区が設置されたのは一九八〇年で、現在、国家級自然保護区は八ヵ所、自治区級および地区・自治州級の保護区は二〇ヵ所ある。保護区の面積が自治区内に占める割合は一三・一五％で、浙江省二つ分の大きさにも相当するという。

新疆で最も高い山は、崑崙山脈とパミール高原が接するタジキスタン国境近くのムズターグ・アタ山（七四三五メートル。氷の山の父という意味）とコングール山（七七一九メートル）である。このパミール高原にある両峰は、カシュガルからパキスタン国境のクンジュラブ峠に至るルートの観光名所、三六〇〇メートルの高地にあるカラクリ湖のかなたにそびえている。

低いところでは、トルファン近郊のアイディン湖（海抜マイナス一五四メートル）がある。夏に行った時には、水はまったく見当たらず、ただ塩が白く見えるだけであった。かつてここには製塩工場があったようで、以前働いていた人々の廃屋があった。無人のはずの廃屋の陰で小用を足そうとしていた同行のメンバーが「あの廃屋の中に誰かがいる」と言ってあわてて戻ってきた。彼らはいわゆる「一人っ子」政策の陰に見捨てられた二人目、三人目の人たちだった。戸籍上はこの世に存在しない人間である。学校にも行かれず、就職もできない。もちろん地域社会にも入れない。これも新疆の現実の一つなのである。

## 新疆の遺跡

シルクロードに入るまえに、新疆にはどんな遺跡があるか述べておきたい。新疆ウイグル自治区には国家クラスの文化財が一四ヵ所、自治区クラスの文化財は一五四ヵ所あるという。主な遺跡群は次のとおりである。

**①天山北路**（ステップルート）　トルファン近郊のジムサルに唐の時代の北庭都護府遺跡、イリにイリ将軍府遺跡、チンギス・ハーンの七代目のトホロ・チムールカーン墓、ウラン人の古墳と草原石人像などがある。さらに、魔鬼城、カナス（ハナス）湖などは中国の国家級の歴史遺産になっており、世界遺産には登録されていないが、それに準ずる高い価値を有するものである。

**②西域北道**　トルファンには吐峪溝千仏洞、高昌故城、ベゼクリク千仏洞、交河故城、アスターナ古墳群などがあり、クチャには、仏教伝来の第一の石窟であるキジル千仏洞、クムトラ千仏洞、スバシ故城、クズルガハ烽火台《ほうかだい》、クズルガハ千仏洞、亀茲故城などがある。カシュガルにはモル・

ブッダ遺跡、イスラームのエイティガル・モスク、アパク・ホージャの墓（悲劇の妃・香妃の廟ともいわれている）、ウイグルの偉大な言語学者でトルコ語辞典を著したムハンマド・カシュガリーの記念館や墓などがある。ヤルカンドには王妃アマンニサ・ハーンの墓、パキスタン国境のタシュクルガンには石頭城がある。

**③西域南道**　西域北道との分岐点にはかつての楼蘭王国の遺跡。そのほか、ニヤ遺跡、ミーラン故城などがある。ホータンにはコックマリム洞窟、ヨートカン遺跡などの仏教遺跡がある。

## 今でも美しい楼蘭の美女

ウルムチに行ったら、まず新疆ウイグル自治区博物館を訪れていただきたい。ここには五万点を超える所蔵文化財がある。内部は大きく分けると、歴史文物室、民族民俗室とミイラの陳列室の三つになる。

歴史文物室には、新疆地域で発掘された歴史文物を旧石器時代から清代まで時代順に陳列してある。古代からのシルクロードの歴史を具体的に把握できるわけである。アスターナ古墳から発見された唐墨は、奈良の正倉院に収蔵されている唐墨と、ほとんど同じものだという。

民族民俗室には、新疆在住の諸民族の生活・風俗習慣・歴史に関するものが陳列されている。

各地で出土したミイラのうち圧巻なのは、やはり楼蘭の美女であろう。四〇数歳で命を閉じた彼女は、四〇〇〇年の時空を超えて見るものを魅了する。骨だけが残っているのではなく、極乾燥地帯で砂中に埋もれていたために、顔が茶褐色とはいえ、肉付きもよく、美しい女性である。近年、日本の研究機関がＤＮＡ測定などを通して科学的な分析をして「絶世の美女」であるとの折り紙をつけたことも有名な話である。

しかし、私が何度かこの博物館を見て思ったのは、その陳列が、基本的に現在の漢民族の歴史認識、漢民族優先・周辺諸民族蔑視の考え方で構成されているということである。漢民族の遺物や漢民族化した文化遺跡が強調され、ウイグルなど各地各民族の遺跡や古文書など歴史的な遺産も、ほとんどが「中華民族の財産であり、誇りである」と漢民族の成果になってしまうのである。確かに新疆は中国領土であり、ウイグルなどの少数民族は中国の公民だから、漢民族の論理からすれば当然のことかもしれないが、釈然としない。

二〇〇五年、新疆ウイグル自治区創建五〇周年を記念して、この博物館は数年かけて大改修された。改修には何年もかかった。途中、重要な展示物を盗まれた罪で館長が逮捕されたこともあったが、とにかく外観はかなり壮麗なものになり、内部の陳列も良くなった。学芸員・研究員が総力を結集して解説のパネルなどを作ったのであろう。展示物を詳しく紹介するカラー刷りの分厚い本も売られている。

ただ、残念なのはガイドのレベルが低いことである。人数の多い団体客の場合、全員が揃わなくとも、サッサと説明を済ませて次に移ろうとする。私がたまりかねて「皆さんが集まってから説明をしてほしい」と言ったら、「時間がないんですよ！」と逆に怒られたことがある。実は、彼らは博物館の学芸員や職員などではなく、どこの観光地でも見学最終コースに必ずある、みやげ物売り場のスタッフなのである。販売促進のために日本語のできる店員を雇ってガイドのサービスをしているのだから、懇切丁寧で学問的な解説は望むべくもない。観光客本位ではなく、あくまでも売る側の都合だから、ガイドをする時間は極力削って、早くみやげ物売り場に案内しなければならない使命があるのである。ここには、使命感に燃えているガイドばかりがいる。

一〇年も前のことだが、あるツアーで昼食のために新疆ウイグル自治区人民会堂（自治体の議会）の大会議室に連れられて行かれたことがある。そこが、ツアーの昼食をとる臨時のレストランになっていたのだ。へぇー、議会も市場経済システムに組み入れられたのかと驚きながら食事をとっていると、じわじわとまわりをワゴンカートで包囲され、ついには「みやげ物販売作戦総攻撃」の集中砲火を浴び、食事どころではなくなってしまった。これがシルクロード観光の実際の姿なのである。

中国の観光事業の発展のために、どうか、お金を払って来ている観光客本位の観光政策に切り替えていただきたい。観光客がどんなことを望んでいるのか、それを汲みあげて政策にいかしていただきたいと切に望む。観光客本位の姿勢に転ずれば、その後の観光客増も見込まれるが、その逆であれば不評悪評が飛び交って、訪れる人が少なくなる。しかし問題はこのような声が責任者に届かないことであり、届いても無視されることであり、さらにいえば、そのような意見を上げる人がほとんどいないということであろう。

## ウルムチの見どころ

ウルムチには、ほかに見るべきものはあまりない。といっても全然ないわけではない。以下に紹介するのは、その数少ないポイントである。『中国新疆名勝古跡　旅行ガイド』の記述をもとに、私の感想などを付け加えたい。

**①南山風景区**　ウルムチ市南部六〇キロ余りの高く険しい山中に、大小数十の奥深い渓谷がある。白楊溝、水西溝、甘溝、大西溝などが有名で、魅力的な「南山風景区」を構成している。谷を遡ると、断崖絶壁と鬱蒼とした森林、一面の草花が広がっている。冬になると氷になる滝は、四〇メートルもあり、夏は滝のそばが涼味満点である。

青緑色の牧草地では、季節によっては、遊牧民の競馬や羊の争奪戦、「追姑娘」などを見ることができる。「追姑娘」は、カザフ族の若者たちの一種のゲームで、婚約した男女が集団の中で自分の相手を追いかけてつかまえるというものである。今では、婚約していなくとも行なわれるようになっている。カザフ族のゲルの中に入れてもらい、馬乳酒やヨーグルト、ポロやナン、シシカワップなどの民族料理をいただいたことも何度かある。

**②紅山**　ウルムチ河の東岸に位置する海抜九一〇メートルの山で、赤褐色の砂岩で構成されているところから紅山と名づけられた。紅山はボゴダの天池から飛び出した巨龍で、ウルムチ河西岸のヤマリク山に住む悪魔の化身と相対峙し、彼らがあばれるとウルムチは大海に変わってしまうといい伝えられた。「山を鎮め、水を鎮める」ために、清の乾隆五三年（一七八八年）、ウルムチ都統（知事のような役職）の尚安が両山に「鎮龍宝塔」を建てた。以後、紅山の「夕日に映える塔」はウルムチ一の絶景となった。現在は新疆最大の都市公園となっている。

紅山は、ウルムチの観光コースに組み込まれている。岩山に木を植え、水を送って観光ポイントにしたところで、中国人の家族やカップルがそこかしこでくつろいでいる。ただ、その光景を見に行くだけのようなものだから、「シルクロード」を味わいたいという方には、あまりお勧めできない。

**③大西溝の現代氷河**　ウルムチ市の南一二〇キロの達坂城（私たちも中国語読みでダーバンチャンと言っている）の北に、中国でも有名な氷河地帯の一つがあり、遠近・高低・大小さまざまの七〇余りの氷河がある。最大の一号氷河は、長さ二・四キロ、幅五〇〇メートルあまり、硬く凍っていて水晶のように白く、氷河の形成と変化を観察・研究するのに最適である。ここには、自然の形態をもとに

掘削したところに、長さ八〇メートル、厚さ二メートルあまりの氷河ができるようになっている。いわば人工氷河だろう。中に入ると白銀の世界に入ったようで「月宮殿」の神奇な仙人界を味わうことができる。

ガイドブックの表現はだいぶ「白髪三千丈」的だが、夏の涼気を楽しむには絶好であろう。ただし、あらかじめコースに入れるには、企画の段階から、ここに行きたいと希望を出しておくことが必要である。往復するだけで一日かかるのだから、突然言い出してもガイドは対応できないからである。足まわりや服装など一定の準備も必要である。氷河の近辺には氷河研究所もあり、ハイキング・トレッキング志向の方には絶好のコースである。

足まわりと服装の準備が万全になったら、せっかくなので高原の湖「天池」の向こう側に船で渡り、カザフ族の世界に少しだけ入り込んで、高原植物を楽しみながら歩くコースもお勧めである。さらに、そこを拠点としてボゴダ峰登山や周辺の無名峰登山もできる。

## 二道橋の国際大バザール

地球で最も海から遠いというウルムチはアジア内奥随一の大商業都市で、数百の大型商業ビルが林立している。特に「華凌商場」は中央アジア最大のデパートグループで、地方色豊かな食品、工芸品、服飾品など、あらゆる種類の商品がそろっている。

大商業都市ウルムチの象徴ともいうべき存在が、二道橋のバザールである。二一世紀に入ってからウルムチやカシュガルなどの都市の観光ポイントが大幅に改装され、ウルムチもこの二道橋バザールが大改修された。かつての雑然としたバザールのかわりに、大きなレンガ色のビルが建ち並び、ミナレット（尖塔）が空に突き出し、巨大な劇場までができた。ラクダもお客さんを乗せて五メートルばかり歩いてくれるが、無論、タダではない。漢人の娘さんたちが、なぜだか知らないが近衛騎兵のような騎兵の服装で馬に乗って並んでいる。見違えるようになった二道橋のバザールは、その名も「国際大バザール」になった。

ここ国際大バザールでは、中央アジアのあらゆる地域と民族のあらゆる商品が売られている。外国人といういい方が無意味になる場所だ。豊富な商品の中でも特に売り物は絹織物のスカーフや革などの衣料品、肉や香辛料などの食品類やナイフ、玉などだろう。私は夏、ここで冬の皮のコートを買う。日本の一〇分の一の金額で買える。絨毯も日本のデパートの五分の一で買える。崑崙の玉やニセモノの玉、一つかみ二〇元などといった玉もある。ありとあらゆるものがそろっている。

売り声、値引く声、喧騒、客が来ても堂々と居眠りを続ける人、商売そっちのけで世間話に花を咲かせる人たち、トランプや中国将棋に打ち興じている人、仕事そっちのけで孫と遊ぶのが一生懸命のおじいさん。ここは私の一番好きな場所だ。ただし、知らない人を無断で撮影してはいけない。

毎晩繰り広げられる屋外のウイグル民族舞踊とサーカスの綱渡りもここの目玉だ。劇場で踊るウイグルの民族舞踊は、最初だけは感心したが、二回目以降は鼻につく演出でこりごりした。若い半裸の美しいウイグル女性が大きな蛇を身体に巻きつかせて踊る、そんなものはウイグルの民族舞踊にはなかったのだ。まるで見世物である。

以前は、このウイグル人バザールにはウイグル人しか入れなかった。ウイグル人以外の人が一人で行くと危険なこともあったので、漢人はけっして足を踏み入れなかった。今はそんなことはない。デパートのように「便利」で、安全になった。だが、私はかつてのあの喧騒とバッグを背中に背負っているとモノを盗まれるくらいの危うさが好きだった。

## 絲綢之路博物館

この「絲綢之路博物館」(シルクロード博物館)は個人が経営している。二道橋の一角、新疆歌舞団の正門の向かいのエレベーターもないビルの五階にある。ここはまだそれほど大きな規模ではないが、シルクロード研究をしているものにとっては、かなり興味を惹かれる展示物がある。場所がわかりにくいし、ビルの中をあちこちエスカレーターで登らなければならないが、苦労して探し出すだけの価値のある博物館である。今までに四回ほど行ったが、あまり人影を見かけない。

そのビルの左側のレストランが、友人のTさんの知り合いが経営するアウラル・レストラン(阿吾拉力快賓館）。ここはウイグル人しか入らない。ウルムチで一番おいしいと太鼓判を押せる。フリーの時間があったら、あるいはガイドにあらかじめお願いして、一度はここで食べてみることをお勧めしたい。ここのポロはお世辞抜きで、おいしい。無論、タバコとアルコールはノーである。

最近、新疆のレストランでは、アルコール類やタバコなどを禁ずる店が急激に増えている。ビールなしでは食事ができないという方がいるだろうが、一度、ノンアルコールの食事を試してみることをお勧めする。かなり敬虔な雰囲気になれる。私もこの頃になって、ようやくその良さがわかりかけている。

絲綢之路博物館の二〇〇メートルほど先には新装なった新華書店があり、その手前のホテルを私は定宿にしている。ホテルの目の前には美しいミナレットを持つモスクがあり、その右側は新疆歌舞団。二道橋はまことに面白いところである。

私は、新疆ウイグル自治区ではトルファンとカシュガルの街が最もシルクロードらしい雰囲気が残っているので好きだった。それに比べてウルムチは大都会となって公害で汚染された街なので、あまり好きではなかった。だが、最近はウルムチをもう少し見直そうかと思っている。特に二〇〇四年の旅でウルムチの奥深いところにあるものが少しわかるようになったからである。だから、シルクロードは一筋縄ではいかない。

## ウルムチの二つの歴史

新疆の人たちは歴史について語ろうとしない。私が話を聞いた人たちほとんどから、名前は絶対に出さないでほしいといわれた。ある大学教授に聞いたウルムチの略史は次のようなものである。

ウルムチ近辺の古墳から出土した古代の細石器と色つきの陶器に表された考古学的な史料によれば、ウルムチは三〇〇〇～四〇〇〇年前から諸民族の祖先が生活していた所だった。紀元前三世紀にこのあたりで生活していた民族の名前は、ペルシア語で「サカ」と呼ばれていた。ギリシア語でいう「スキタイ」である。

その後、紀元四世紀までトルファン盆地からチャンギ（昌吉。昔はヤン・バリク、新しい町と呼ばれた）平野にかけてコシ（漢語で車師）という民族が生活していた。コシ人の都はトルファン近郊にある交河故城にあった。当時、ウルムチはチャンギとトルファンの二つの都市の間にあった要地だった。

六五五～六六〇年頃、西ウイグル王国が唐の王朝に倒されてから、この地に都護府（辺境統治のための役所・軍事施設）が設けられた。現在、少なからぬ研究者はその都護府の場所はウルムチからチャンギの間にあったとみなしている。

紀元九世紀前後、ウルムチはウイグル王朝の支配下にあった。この王朝は「ベシ・バリック」（五つの町）とも呼ばれた。ウルムチはそのベシ・バリックの一つ（ハン・バリック）だった。一七六一年、清朝はウルムチに軍事用の城を築き、五年後に「迪華《てっか》」と名付けた。一八八四年、清朝が新疆省を設けて、迪華をその新疆の政治、経済、文化の中心地とした。新疆の民を服従・慣れさせるという蔑視の意味で迪華という呼称が使われたのである。一九四九年、新中国ができてからは、迪華という蔑称はやめて、昔のウルムチという名前に戻した。

一方、政府系出版社である「新疆人民出版社」発行の『中国新疆ウイグル歴史文化研究論』によるとウルムチの歴史はこうなる。面白いので翻訳してみた。

ウルムチの歴史はわずかに二五〇年くらいしかない。

ウルムチは漢字では「烏魯木斉」と表記され、天山山脈北麓の海抜七〇〇〜九〇〇メートルの草原地帯に位置し、盆地のような地形をしている。かつてのシルクロードの天山北道沿いにあり、一説には輪台《ルンタイ》県が置かれたともいわれ、現在、わずかに遺構が残っている烏拉泊《うらはく》故城はその県城跡とされるが、ほぼ一八世紀まで、ここウルムチは遊牧民の世界であった。

清朝が西域を征服した一七五五年頃から屯田を開始し、六三年に迪化《てっか》（順化の意味）と命名され、ウルムチ河の西岸に満城が築かれ、ウルムチ都統を筆頭とする八旗兵部隊が駐屯した。東岸には漢城が築かれ、ウルムチ提督以下の軍隊と内地からの漢族が居住した。漢族の増加にともなって、行政区としての迪化県が設置された。

一八八四年、新疆省の成立によってウルムチは「迪化」の名で省都となり、巡撫（行政長官）が駐在したため、満・漢をあわせて大修築が行なわれ、イリに代わって新疆政治の中心都市になった。中華民国時代（一九一二〜四九年）も省都として機能し続けた。市制が敷かれ、さらに都市化が進んだ。

一九五五年の新疆ウイグル自治区成立後、ウルムチの名が復活し、自治区の区都として引き続いて新疆の政治の中心となったが、各種工場が建てられ工業都市としての様相も呈した。目抜き通りの建物には旧ソ連との蜜月時代に建てられたものが多いが、近年、西部大開発の掛け声とともに、日に日に近代的なビルが建設され面目を一新している。

両者の歴史観が微妙に違うのがおわかりいただけると思う。

これまで日本人にとっての中国の歴史というと、沿海部から中国文明が最初に誕生した黄土高原の東の部分、中原を舞台とした漢民族の歴史が中心だった。ずばり「中華思想」に基づいたものを学んできたのである。これは高校や大学の教科書、書籍や一般向けの中国史の概説書や専門書の大部分に見られる傾向である。漢族は中国の諸民族の中で約九〇％という多数を占めているので、当然といえば当然である。しかし、中国の歴史をバランスよく理解しようとすれば、漢族以外の諸民族の立場からの歴史を視野に入れる必要がある。つまり、中国の奥ともいえる新疆・チベット・モンゴルにおけるそれぞれの地域の民族から見たさまざまな事件と社会の変遷である。この視点がないと、正しい中国観は得られない。

中国は歴史上、多民族の国家を形づくってきた。中原を初めて統一した「秦」（紀元前二二一～紀元前二〇六年）から「漢」を経て、「南北朝時代」（四三九～五八九年）に至るまでの間には、匈奴、鮮卑、羯《けつ》、氐《てい》、羌《きょう》による「五胡一六国」の乱立（三〇四～四三九年）の時代があった。シルクロードを通して亀茲《きじ》（クチャ）、疏勒《そろく》（カシュガル）など西域三六国との交流も途切れたことはない。そして「隋」（五八一～六一九年）・「唐」（六一八～九〇七年）から「宋」（九六〇～一二七六年）の時代における北部の契丹族の「遼」（九一六～一一二五年）、西北部の「西夏」（一〇三八～一二二七年）、西南部チベットの「吐蕃」（七世紀初め～九世紀中頃）、雲南の「南詔」（八世紀中頃～九〇二年）などの存在もある。「元」（一二七一～一三六八年）はモンゴル族が、「清」は女真（満州族）によって建てられた。

こうした分裂と融合の歴史のために、一九四九年の新中国建国以前には多くの種族があり、その名称はさらに雑多であった。初期の一九五三年の報告では、登録された少数民族の名称は四〇〇余りに及び、雲南省だけでも二〇六を数えたという。政府はこれら諸民族の「整理」や「統合」の仕事として「民族識別工作」を実施した結果、現在では五五の少数民族が公認されており、新疆ウイグル自治区には基本的に漢族以外では一二の民族が存在している。だが、自治区成立後、漢族の移住が激化した結果、自治区全体で漢族の人口が急速に増加し、とりわけウルムチでは、実質的には過半数になっている。

# 第４章　仏教遺跡の宝庫・トルファン

ベゼクリク千仏洞付近。

高昌故城

交河故城

吐峪溝のモスク。千数百年前の仏教寺院にあった蓮華の模様の台座がそのまま使われている。

吐峪溝のマザール（イスラームの墓地）の前にはチベット仏教の旗・タルチョがはためいていた。

トルファンの観光用のカレーズ

暑いので身長・体重測定器に誰も近づかない。トルファンで摂氏54度だった。

トルファン市内のぶどう棚の道

ルクチュン高校の全校一斉マラソン大会。みんな普段着のまま走る。

ルクチュンのおばあさん。王様のエピソードをながながと語ってくれた。

トルファンの舞姫。20歳の彼女は初め「お父さんが心臓病で」と泣いていたが、踊りだすと夢中になった。

ハミの出前演奏家夫婦

ハミ・ムカームを演奏してくれた長老

私の歓迎の宴に来てくれたウイグルの美しい女性たち。

## トルファンの歴史

東部天山山脈南麓に位置するオアシスであるトルファン地域は、綿花、ぶどうや穀物を産する地味豊饒な土地である。一〇世紀ごろから名前が出るようになったこの地は、天山山脈南北および中央アジアから河西回廊に通じる道として、古くから遊牧民族と中原の漢民族王朝との争奪の地となっていた。

この地域は、さまざまな文化の影響を受け、西域独自の様式が生まれた場所であり、しかも「亀茲《きじ》」国（クチャ）と同時に仏教芸術が栄えたシルクロードの要衝として、歴史上重要な役割を果たしてきた。二世紀頃、インドからカシュガル、ホータンに伝わって来た仏教文化は、タクラマカン沙漠の南北に沿って東漸し、六世紀頃にはトルファン地域に広がって、世界に注目された豊かな仏教美術・仏教文化を登場させた。

この地ははじめ、「車師（姑師）」人の拠点となっていたようで、前漢時代に「車師前」国の王の朝廷がトルファン西方の「交河城（ヤール・ホト）」に置かれていた。彼らは天山北部の遊牧民であったが、コーカソイドの特徴を有し、その文化にはスキタイ・サカ（紀元前八世紀頃に現れた遊牧民族）以前に存在していたサルマタイ（南ウクライナを中心にアルタイ地方にまで活動していたペルシア系遊牧民）系統が入っていることが明らかになっている。

モンゴル高原に匈奴が現れると、その支配を受けたが、これに対して漢は軍を派遣して匈奴と争い、併せてトルファン東方の砦、高昌塁に駐屯した。これを契機として魏・晋・南北朝期には車師人と漢人とが東西に対立したが、五世紀中ごろには車師国は高昌城に拠点を置いていた「沮渠《そきょ》氏高昌」によって滅ぼされ、トルファンが統一された。やがて六世紀はじめには、「麹《きく》氏高昌」国が成立し、六四〇年に唐によって滅ぼされるまで、この地を統一した。

その後、九世紀にはウイグルがモンゴル高原でのクルグズ（キルギス）との戦いに敗れて下ってきて、タリム盆地のもともとの住民との融合が始まった。トルファン盆地は「西ウイグル」王国の領地となり、高昌城は冬の都（夏の都はビシュバリク）となる。一三世紀初頭に「モンゴル」が覇権を握ると、西ウイグル王国はすすんでチンギス一族に降った。

一四世紀以降、トルファンはモンゴルの「チャガタイ・ウルス」の支配下となるが、西域において最後までイスラームに抵抗して仏教を堅持していた。トルファンを最後として西域全域がイスラーム化するまでには、カシュガルやホータンにイスラームが入ってきてから、実に四〇〇年の長きを要したのである。〔長澤和俊編『シルクロードを知る事典』〕

古都トルファンは、かつては「イディークト」といわれ、「ウイグル高昌」国の中心地だった。日本人には発音しにくいイディークトという語の意味は、前半は「偉大な…」で、後半のクトは幸福を表す。それ以上はうまく表現できない。一九世紀末以降、トルファンの都城・古墓・古墳・石窟遺跡などからは、多くの出土文書・文物が発見されており、敦煌と並んで東洋学研究の貴重な資料の宝庫となっている。

## 神の恵み――カレーズ

現在の行政区分では、トルファン市、ピチャン県、トクスン県をあわせて「トルファン地区」としている。トルファン地区には、数千年の歴史を持つ「カレーズ」（地下水路）がある。カレーズとは、天山山脈の雪解け水をオアシスに導く暗渠《あんきょ》である。山麓から下方に二〇～三〇メートルおきくらいに地下水に達する縦穴を掘り、横穴でつないで水路とするものである。その長さは数キロから一〇〇キロにも及ぶ長いものまである。オアシスで穀物、ぶどう、綿花など多様な収穫を得る地下水源であり、トルファンの人びとにとってはまさに天からの恵みといえよう。

カレーズはペルシアに五〇〇〇年ほど前から存在したといわれている。その後、次第に北アフリカ、イベリア半島から西トルキスタン（現在の中央アジア）に広まり、東トルキスタン（西域。現在の新疆地域）に達した。トルファン・ハミ両地域でのカレーズの総延長距離は五〇〇〇キロ以上になるといわれているので、ほぼ同じ距離である万里の長城に比して「地下の万里の長城」とも呼ばれている。しかし、近年はあまり掘られておらず、しかも地球温暖化の影響を受けて崩壊が進んでいるのが現状である。カレーズを維持するためには毎年掘り返す必要があるのだが、今ではそのような危険な仕事をするより、井戸から電気で汲み上げる住民が増えているという。

新中国以前、中国は半封建半植民地の状態にあり、小作農民は地主・富農の収奪に苦しめられていたが、トルファンでは封建領主や地主以外に「水主」がいたのである。現在は無論、土地もカレーズも国有になっており、農民は政府から水を買っている。国有のカレーズは、各地の農地や生活者のところまで水を供給するために、蒸発を最小限に食い止めるなど、さまざまな工夫がなされている。

## 吐峪溝（トユク）石窟

トルファンの仏教遺跡観光では、まず「吐峪溝石窟」に行くことをおすすめする。「高昌故城」の東にある吐峪溝石窟は、屋外の煉瓦積み寺院と共に一大寺院群を形成している。石窟からは、漢文、ウイグル文、チベット文など一七種類の写本類が発見され、その中には仏教経典のほかに、マニ教や景教（ネストリウス派キリスト教）のものもあった。また、盛唐美術の影響の著しい刺繡や絹本の仏画、絹織物も発見された。現在残る五〇窟のうち一〇窟ほどに壁画があり、特に浄土教などの美術とも関係する禅の観念によるテーマは注目されている。

以下は「ベゼクリク千仏洞」の管理責任者U氏から聞いた吐峪溝千仏洞の伝説と由来である。

吐峪溝千仏洞はトルファンの仏教遺跡では最も古いものである。一九七〇年頃、北京の政府研究員が吐峪溝千仏洞の五ヵ所の砂を持ち帰って年代を調べたところ、西暦二九〇年～三〇〇年頃のものだということがわかった。

一九五〇年頃の調査では、千仏洞は九四ヵ所あった。しかし一九七〇〜八〇年には、四四ヵ所が風や水の影響あるいは文革などで壊れた。

吐峪溝千仏洞は高昌国の重要な場所だった。仏教が初めてトルファンに入ってきた時、水がきれいで景色も美しく、山の中なので悪い人も来ないからということで、ここを仏教の礼拝場所に決めた。一〇〇年前の探検隊が発見した仏教の文書は、西暦二九〇年頃のものだった。八〇〇〜九〇〇年頃には、吐峪溝千仏洞の中は砂がいっぱいになり、さらに地震があったので、礼拝場所を吐峪溝千仏洞やシンジンク（勝金口）などからベゼクリク千仏洞に移動した。吐峪溝千仏洞は高昌国が貧しい時のものだったので規模も小さかったが、ベゼクリクに移ってから、国も仏教も豊かになったので、千仏洞も大きくすることができた。ベゼクリクの壁画とキジル千仏洞（クチャ）の壁画は大きさがほとんど同じであるが、吐峪溝千仏洞とベゼクリクの千仏洞は、色合いも大きさも、絵柄も違う。吐峪溝は初期だから絵も上手なものではなかった。シンジンクとベゼクリク千仏洞は大体同じようになっている。

ウイグル人たちは、ここが仏教の聖地であったことを知らない。もっとも、年配の人は、うすうすだが知っているようでもある。トルファン出身のアルズグリ先生は、かつて吐峪溝千仏洞について次のように書いている。

　イスラームを全民宗教として受け入れている私の故郷のウイグル人は、吐峪溝を仏教遺跡としては認めていないが、仏教遺跡だということを確認できるものはいくつもある。それは仏像の後光、蓮華紋様のある石、洞窟の両側にあって仏像を安置することのできる仏龕《ぶつがん》やチベット仏教の聖なる旗タルチョの存在を挙げるだけで十分だろう。それなのに、彼らは吐峪溝をイスラームの聖地として崇めているのである。なんということであろうか。イスラームの教えは厳格であり、偶像崇拝は厳禁である。

　日本人は仏教を受け入れ、時を経て神仏とを混交させた。このことは民族の持つ文化的土壌の上に、知恵を働かせて異文化の仏教を融合させ、民族文化をより豊かなものにしたという印象があり、日本人の感性の良さと特性が感じられる。しかし我が家郷で行なわれていることは、残念ながらチグハグな感じがして滑稽である。西域の民としていろいろな宗教を受け入れた経験から、その残滓が習慣の中にあることは認めるが、文化的整理をもう少しうまくできないものであろうか。

　吐峪溝千仏洞は小乗仏教と大乗仏教が融合したところといわれる場所である。日本の仏教者にもっと関心を持ってもらい、保存と研究をしていただきたいと思う。わが故郷の人たちにとって聖なる所であるが、その由来を明らかにすることが大切だと思う。

吐峪溝はトルファン市街の東方約七〇キロに位置している石窟群であり、荒れ地を切り裂いたような渓谷のオアシスは、ぶどうの産地としても有名である。

吐峪溝の集落の中にはドイツのル・コック探検隊が宿泊したと書いてある民家があった。ル・コックは壁画を片っ端から剥ぎ取っていった人物である。そういえばアルズグリ先生のルクチュンの生家にも、かつてイギリスの著名な探検家オーレル・スタインの探検隊が泊まったことがあると言っていた。

「トユク」とは「刻まれたもの」という意味になるが、もう一つ、「長い終わりのない道」という意味もある。小高い丘の上にマザール（イスラームのお墓）があり、主としてホータンからの巡礼者が多い。その聖地に近づくと、驚いたことに、確かに数本のチベット仏教のタルチョがはためいているではないか。アルズグリ先生が指摘されるように、吐峪溝は仏教の聖地だったのであり、それが「イスラームの聖地」に変わっていたのである。ここがなぜ、イスラームの聖地になったのか。ホータンと密接な関連のある伝承があるので、以下に記そう。


昔、ホータンの聖人が「私は神である」と言った。多くの人はそれを信じたが、五人の人たちだけは半信半疑で本当の神様であるかどうかを疑っており、ある時それを試してみた。「私が神である」という人が寝ているところに大きな猫を置いたのである。彼はその猫を見て、怖がって逃げだした。「本当の神様だったら猫を怖がらないはずである」と思って、五人はその人を信じなくなり、本当の神様を探すための旅に出た（六人という説もある）。

旅をしていると、一匹の犬がついてくるようになった。彼らは犬が嫌いだったので追い出した。しかし犬はずっと彼らについてきた。彼らは犬の足を折ってしまい、ついてこられないようにした。それでも、犬はころがりながらついてきた。そこで、一人が犬に聞いた。「お前はどうして私たちについてくるのか。私たちは本当の神様を探しに行くのだ」。すると、犬は「私も本当の神様を探しに行くのです。だから助けてください」と言った。それで五人は犬の足を直して、一緒に旅を続けた。

そのうちに「私は神だ」という人が、たくさんの人を連れて彼らを追いかけてきて、ちょうど吐峪溝に到着したころ、追いつかれそうになった。犬と五人は吐峪溝の洞窟の中に隠れた。その時、本当の神様が彼らを守るために、洞窟の入り口が何百年も閉じられているように装ってくれた。追いかけてきた人々はそれを見て「ここには誰も来ていない」と言って帰っていった。五人はそのまま三〇〇年間も寝たあと、目がさめて外に出た。そして、買い物をするために銀貨を持ってカラ・ホージャ（高昌故城）へ行った。しかし、彼らが持っていた銀貨は三〇〇年前のダクヤヌス時代（ローマ帝国のダクラティオンという皇帝の名前。時代は二四五～三一三年だが、とにかくウイグル人は、昔のこと、大昔のものをダクヤヌスという習慣がある）ものだったので使えなかった。彼らはまた吐峪溝の洞窟に入って寝た。そのままずっと今でも寝ている。

だからホータンからトルファンの吐峪溝に巡礼に行く人が多いのだという。因みに、伝承にあるダクヤヌス時代の仏教遺跡は今もカシュガルにある。それはカシュガルのチャックマック河の南、海抜一四六〇メートルのところにあり、総面積は二〇〇〇平方メートルだという。

トルファンの吐峪溝千仏洞は、あまり破壊されていない華麗な窟が現在でも残っている。また、全面的には公開されていないが、将来、十分な研究ののちに維持管理がなされて、広く世界に公開されることを望みたい。

## 高昌故城（カラ・ホージャ）

トルファン盆地に五世紀から七世紀中葉にかけて栄えた「高昌」国は、トルファン盆地の諸オアシスを統合して天山山脈東部地帯を統治した。五胡時代（三一六〜四三九年）に「沮渠氏高昌」が「北魏」に滅ぼされると、その残党が西走して四四二年、高昌城に拠り、四五〇年には「車師」国を併呑して「高昌」国を建てた。四九八年、麹嘉《きくか》氏が王位に就いてからは麹氏の子孫が一四〇余年にわたって高昌に君臨し、特に「麹氏高昌」の名をもって呼ばれ、六四〇年に「唐」朝によって滅ぼされるまで続いた。その間の王族には漢人が多く、中国風の元号を立て、官制や服飾もすべて中国式となっている。

玄奘三蔵が仏典を得るためにインドに向かう際、この麹氏高昌国王から四〇日間も引きとめられ、帰国する時には、すでに滅亡していたという話は有名である。

麹氏高昌を滅ぼした唐は高昌に「安西都護府」を置いた。「都護府」とは、唐の周辺の遊牧民族の活動を鎮めるために設けられた官庁・軍事施設で、安東、安南、安西、安北、単于、北庭の六つの都護府があったほか、時に臨時に設置されたものもあった。安西都護府は六四八年にクチャへ移り、天山南路の守備に従事するが、八世紀末にチベットの吐蕃に滅ぼされる。

「高昌故城」は「カラ・ホージャ」や「イディクート・シャーハリ」とも呼ばれ、トルファン盆地の漢人植民国家の高昌国、唐の安西都護府、西ウイグル王国とそれぞれの時代における中心都城として栄えてきた。トルファンの東方約四〇キロにあって、周囲約五キロの城壁に囲まれ、内部に「可汗の宮殿」と呼ばれる王城跡、景教（キリスト教ネストリウス派）の寺院跡、マニ教寺院跡、仏教寺院跡など、六つの宗教が共存するなど、さまざまな遺跡が残っているほか、官庁跡や市場・工場の跡もある。八世紀前半の出土文書によれば、当時の市場は、城内外の商品であふれており、居住している官人、商人、工人、さらには牧民などの物資購入および製品販売を支える場として、その生活を豊かにしていたという。

もともとこの高昌故城内に農地のあった農民から話を聞くことができた。彼は五人兄弟の一人で、奥さんは病院の仕事をしていて月一一〇〇元（約一万六五〇〇円）の収入、彼の収入は半分の六六〇元、農地からの収入は年約六〇〇〇元（約九万円）だという。彼には一一歳の女の子と五歳の男の子がいるが、妹も養っているという。彼は小学校までしか行ってない。「将来のことには夢も希望も持てない」と語る彼の顔には、あきらめとも悲しみともつかない表情があった。

何度も来たことのある観光ポイントの高昌故城に、想像もつかなかったような苛酷な生活があったのである。

鄧小平の提唱による「改革開放政策」が一九七九年に発表されてから四年のちの一九八三年、政府が高昌故城内に農地を持っている人たちから土地を買収した。それ以降、人々は農地に自由に出入りができなくなった。当時は土地の値段がとても安く、一六六三畝《ほ》（中国の単位。日本の畝《せ》の約六・六倍）の土地が三〇〜四〇万元で買い上げられた。通常では少なくとも一五〇万元にはなるはずであった。現在では土地の値段が上がり五〇〇万元が相場だといわれている。農地とぶどう畑の値段は格段に違う。農地の一畝は二〇〇〇元だが、ぶどう畑の一畝は八〇〇〇元になる。都会や都会に近い農地はもっと高く一万元ぐらいになるという。

現在の高昌故城のまわりは農業用地だが、政府は高昌故城を維持するために、その農地を買収して農作業を禁止しようとしている。また、現在カラ・ホージャ村にある高昌故城の正門を、昔の正門であったアスターナ村に移すことを検討中という。無論、カラ・ホージャ村の人々は大反対である。正門がアスターナ村に移動してしまえば、観光客を城内に運ぶロバ車や土産物売り場や駐車場などからの収入がなくなってしまうからである。生活がかかっているのだから反対するのは当然であろう。だが、ここでは政府に反対する「運動」というものは存在し得ない。果たして村政府や住民たちは、どのような手段で対策を講じるのだろうか。

高昌故城の管理者であるトルファン博物館の館員に「年間一五万人もの入場者があるということだが、維持管理のほうはどうなっているのか？」と聞いてみた。すると、「入場料の収入は得ている。今年、博物館は高昌故城の出入り口の外にトイレを新しく三ヵ所造った」という答えが返ってきた。しかし、入場料以外の土産物売り場や駐車場、ロバ車などから現金収入がかなりあるはずの村の政府が何かをしたということは聞いたことがないという。収入を高昌故城の維持管理に使おうという発想はもともとないようだ。彼に「そっちの収入は何に使っているのか」と質問すると「それを言うと村の政府から怒られて、ひどい目にあう」という返事。収支報告が村人に公表されているのかどうかもわからない。

## ベゼクリク千仏洞

ベゼクリク千仏洞はトルファンの東五〇キロにある石窟寺院で、木頭溝河の断崖に七〇余りの窟がある。「ベゼクリク」とは「装飾された家」という意味である。五～六世紀ころ麹氏高昌国時代に造営が始まったもので、九世紀末のウイグル高昌時代には王室からの依頼で造営が再開されたが、一三世紀ごろから廃れていき、それ以降は文字通り故城になったといわれている。

一〇〇年ほど前、ル・コック率いるドイツ隊、スタイン隊、大谷探検隊などによってほとんどの壁画が切り取られ、見るも無残な姿になっている。

壁画は一〇～一三世紀頃のものが多く、千仏や浄土変などが豊富にあったが、特徴的なものでは、釈迦が前世において過去仏を供養し、預託を受けるという内容の「請願図」であろう。中には、マニ教窟であった石窟がのちに仏教窟に改造されたものもある。ウイグル貴族を表す供養者図も多く、ベゼクリク石窟が西ウイグル王国時代（九世紀半ば～一三世紀）に盛んに造営されたことがわかる。

新疆で隆盛した仏教石窟（千仏洞）は、山西省大同の雲崗や甘粛省の石窟造営にも大きな影響を与えた。甘粛省では敦煌莫高窟、敦煌西千仏洞、安西楡林窟、文殊山石窟、天梯山石窟、柄霊寺石窟、麦積山石窟など、河西回廊に沿って多くの石窟が拓かれた。陝西、山西、河北、河南、山東など各省に多くの仏教石窟がある。時代は北涼、北魏から隋・唐を中心として、宋・元にまで及ぶこともある。仏教石窟は、野外の仏教寺院の大半が消滅してしまった今日、石窟構造・壁画・彫像を残し、また供養者図や銘文を残すこともあって、当時の仏教のありようを知る上できわめて貴重な存在である。

一部に中国本土が先に石窟を開鑿してから西域に伝播したとの説があるが、それは間違いであろう。仏教は東漸したのであり、西漸したのではない。あっても、ごくわずかの例しかないだろう。仏教の往来とは主として仏僧の往来を指していう。

ベゼクリク千仏洞はトルファンの仏教遺跡として最も有名なものの一つだが、大きな期待を持って訪れると失望する人もいるだろう。

上海から延びている三一二公路（トルファン近辺までのその距離は四〇〇〇キロになる）を左手に山の上に折れると、妙な像が見えてくる。知らない人はここもベゼクリク千仏洞の一角だろうと思うだろうが、実は違う。数年前、仏教遺跡であるベゼクリク千仏洞の手前に、漢人資本が孫悟空などのセメント製の像を勝手に作り、入場料を取って商売を始めたのだ。これは政府直轄のトルファン博物館が管理するベゼクリク千仏洞に対する営業妨害に当たるといえる。このことをどう思うかと職員に聞いてみると、「博物館の幹部はあのニセモノに反対しているが、禁止もできないのでどうしようもない」という答えだった。

孫悟空がいるということは、当然、豚の化身である猪八戒もいることだろう。イスラームの最も忌み嫌うものである。商売のためとはいえ、ここで金儲けをしようとするその神経を疑う。

職員と話を続ける。上の姉がここの千仏洞の売店で働いているという。姉の給料は四〇〇元だが、一一月から翌年の四月までの六ヵ月間は仕事がない。だから給料を年平均にならすと月二〇〇元（三〇〇〇円）にしかならない。年収は二四〇〇元（日本円で三万六〇〇〇円）である。それでも現金収入があるのでやめるわけにはいかない。彼の奥さんはほかで小さな売店をしているという。彼のこの食費は一日三食で月一〇〇元。

この飯場のような薄暗い職員食堂で職員の食事を作る女性がいる。四五歳くらい。彼女の給料は一日三回食事を作って五〇〇元。やはり半年間の雇用である。一一月の今は四人の職員がいるが、夏の繁忙期は一五人くらいの職員になるという。

彼や彼女にとってベゼクリク千仏洞の由来や歴史などは関係ない。たまたま生まれた土地に仏教遺跡のベゼクリク千仏洞があっただけなのだ。とにかく家族が生きて食べていくために、この現金収入という途《みち》にしがみついていくしか方法がないのである。少なくとも半年間だけは現金収入が入るから、比較的恵まれているほうだといえるのかもしれない。彼は「これからどのような方法で生活を維持していくかもよくわからない。次に何をしようかということも考えていない」というだけである。

## 交河故城（ヤール・ホト）

交河故城はトルファンの西方約一〇キロ、二つの河に挟まれた台地の高さ三〇メートルの断崖上に造られた都市遺跡である。南北に細長く伸びた舟の形をしており、幅の広いところで三〇〇メートルしかない。昔は豊かな水量があったという河がある。

ここには前漢の時代から五世紀中葉まで車師前国の王城があった。この国は隣の高昌故城にあった沮渠氏高昌国によって滅ぼされ、トルファンはその後、八世紀まで北方のステップルート、中国内地あるいは河西回廊方面から流れ込んできた遊牧勢力などに支配されていた。

崖の上に位置しているために城壁はない。三ヵ所に城門があり、城内の遺構は、寺院区・居住区・官署区に分かれている。交河故城の断崖の上に立つと、まるで規模の小さなアメリカのグランドキャニオンのようである。

寺院区は、中心に延びる大通りの北側にある大寺院が北に広がっている。ここには大小あわせて五〇ヵ所あまりの仏教寺院遺跡があった。中には地下に造られた寺院の遺構も存在する。

居住区は、中心に延びる大通りによって東西に分けられ、東区は官署区をはさみながら、南部に居住区、北に小型居住区が広がる。西区には、住宅とともに多くの手工業者の工房があったとされている。官署区は、故城内でも規模の大きい建築跡であり、周囲の壁も版築で作られると同時に、内部も地下広場を含む複雑な構造となっている。

## アスターナ古墳

高昌故城の北方約一キロにはアスターナ古墳群がある。ここは麹氏高昌国の家族や高官・将軍たちの墓で、さまざまな文物を出土している。

数年前、ここが大改修されたと聞いたので、見に来た。ところが、改修といっても古墳の改修ではなく、古墳の隣に唐風の門を設け、数々の動物のセメント像を作ったのであった。そこから右に折れて従来どおりの粗末な門を抜けると、今までのアスターナ古墳が今までどおりに存在していた。何も変わっていない。だだっ広い空き地に通路があり、半地下の入り口があって、そこをもぐっていくと畳三帖ほどの広さの洞窟の中にミイラが眠っているだけである。

一〇年ほど前、日本人観光客がミイラの腕に触れてポロッと折れてしまったということがあった。漢人ガイドは平気な顔をして腕を元通りの位置に戻すと、みんなを引き連れて帰っていったという。その後、ミイラのまわりにはガラスがはめ込まれたが、そのガラスはまるで曇りガラスのようで、しかも波打っているしろものである。歴史遺産の維持管理に対する認識がその程度であったということだ。

大改修だというが、正門や像などをしつらえた費用で、なぜアスターナ古墳そのものをきちんと維持管理しないのか、わかるような気がする。

## トルファンの街

かつて「火州」と呼ばれたトルファンの街は、暑い。私は二〇〇六年夏に五四度という新記録を樹立というか体験する幸運（？）にも恵まれた。日差しの下に立っているだけで汗が吹き出てくる。

町なかは暑い。どこもかしこも暑い。昼間は人影もない。みんな、少しでも涼しいところを求めて休んでいるのである。

この町でエアコンを持っている人は少ない。あっても五〇センチ離れるともう効かない。タクシーにもエアコンはない。タクシーの運転手も上半身裸になって車のドアを開けっ放して寝ている。また、この町の人は腕時計をはめない。金属製の時計の裏ぶたが熱くなってやけどするからである。

しかし、私はトルファンのこの暑さがたまらなく好きだ。ルクチュンのサナトリウムではタクラマカン沙漠の砂風呂をも体験した。「真夏の日本より二〇度も暑い、そんなところへ何しに行ったんだい？」とシルクロードには関心のない先輩から呆れられた。

トルファンはウルムチから一八〇キロほどしか離れておらず、高速道路もできているのでアクセスもよい。住民の大部分がウイグル人であり、こぢんまりした街ということもあって、シルクロードの雰囲気がプンプンする。

外国からの観光客も多いためか、市の中心部のホテル近くには「青年路」と呼ばれる大理石造りの道ができている。頭の上にはぶどうの棚がはりめぐらされていて、シルクロードらしい薫りを漂わせている。毎年七月から八月は、世界で一番おいしいとトルファンの人がいう「ぶどう祭り」があり、楽しくにぎやかな夏が続く。

さらに、トルファン近郊の火焔山は季節ごとに、また朝と晩で、山の燃える色が違う。山の土に含まれる鉄分のせいだが、これもすばらしい。

## 碧い眼をしたトルファンの娘さん

トルファンで出会ったある娘さんのことを書いておきたい。ガイドのオスマンと市内にあるポロ（ヒツジの肉入りピラフ）のおいしいレストランに入った時、かわいいウェイトレスに話を聞いた。ズルピアーさん（二〇歳）。碧い眼をした「ズルピアーちゃん」といいたいくらいの純情可憐な娘さんである。

市内から二〇キロほど離れた農村の娘で、初級中学卒業。家族は六〇歳の父と五五歳の母のほか、上に四人の兄、二人の姉、一人の妹、一〇人家族だという。両親の仕事を手伝っていたが、一ヵ月前からこのレストランで働き始めた。給料は三〇〇元（四五〇〇円）。「社長がいい人だから仕事は楽しい」という。これはどこでも聞く決まり文句である。しかも、社長がすぐそばにいるからだ。しかし農民の家庭にとって、毎月三〇〇元の収入は貴重な現金収入なのである。

「将来の夢は？」と聞くと、「将来のことは半年以上働いてから考えます」

同行していた新疆の私の「娘」、サリーちゃんが「恋人は？」と聞くと、いませんとばかりに二、三度クビを振っていたが、やがて頬を赤くさせて、消え入りそうな声で「います。別の食堂で働いています」と、恥ずかしそうに、そして嬉しそうに輝いた顔で話してくれた。

「結婚はまだ若いから考えていないけれど、二週間に一回家に帰ります」

「その時、彼にも会うんでしょう？」と私が聞くと、恥ずかしそうに下を向く。そのういうい しさがとてもかわいい。日本の二〇歳の女性が、恋人がいるからといってこんなに恥ずかしがることは、もうほとんどないだろう。

## 農家のおばさんの話

トルファン近郊農村のオスマンジャンの叔母さんの家に行った。「ジャン」は日本でいう「～ちゃん」や「～君」に当たる。ちなみにウイグル人には日本でいう「姓」はないのだという。以前、新疆大学の姓に関する専門の教授の話を聞いたが、子どもの名前には父親の名をつけるということ以外はよく理解できなかった。

叔母さんの名前はオグルハンさん。一四歳で二四歳の男性に嫁ぎ、一五歳で最初の子を産んだという。今は五五歳で家族は六人だ。

私の家は農業を主にしており、綿、ぶどう、香辛料などの収穫があります。年間の収入は二万元くらいですが、土地の税金、水などの費用を除くと六人の一年間の生活費には足りません。カレーズの水が少なくなって、井戸の水を電気で汲み上げるので、お金がかかります。牛と羊を合わせて一〇〇頭ほど飼っていますが、餌代も高いです。

私は小学校四年生まで学校で勉強しました。当時、小学校は五年制でした。母親に早く結婚しなさいといわれて、学校をやめました。一四歳の時に結婚しました。結婚して翌年に子どもができましたが、一歳半になった時に結核で亡くなりました。

私は全部で一〇人の子どもを生みましたが、四人死んで六人の子どもを育てました。今年（二〇〇四年）の五月六日でちょうど結婚四一年になりました。

嫁がいるし可愛い孫もいます。嫁との関係は非常にいいです。嫁とうまくいかない家庭もけっこうあります。私は嫁を自分の娘のように思っています。嫁は何でもやってくれるし、私も孫の面倒をみて楽しい毎日を過ごしています。

いまは農業以外のこともやりたいけれど、お金がありません。その上、税金が高いです。畑にはいろんなものを植えたいのですが、水が少ないから仕方がありません。

私はトルファン生まれのトルファン育ちです。ウルムチまでは行ったことがありますが、ほかの町には行ったことがありません。カシュガルや地震があったマラルバシの方まで行きたいのですが、なかなか行けません。

嫁とはうまくいっているというのも、ここの人たちの常套句である。この叔母さんも二〇〇六年五月に病気で亡くなられた。オスマンが悲しそうな声で日本の私に電話で知らせてきた。

## 家庭のしつけ

ウイグル人の家庭とはどのようなものなのか。「伝統的な家庭生活の作法と家庭教育」について、アルズグリ先生の小論文を紹介させていただく。

ウイグル人は、昔から家庭の作法を高い価値をもってみることに慣れてきた。なぜなら、彼らは家庭の作法の正しさと間違いが自身の家の繁栄と没落に直接影響を与えるとみなしているからである。そのため、家族の成員はだれでも、その家庭の共通の作法を決められた範囲の中で守っている。家族が持っている共通の作法とは、それぞれの家庭で伝統的に形成された一種の社会習慣であって、家族の成員にそれを実行することが要求されてきた。

家庭の作法は家庭教育を通して現れるものである。ウイグル人の家庭教育において重要なことは次の二点である。一つは道徳教育を大切にすること、もう一つは家系を継承し、子孫の実際の能力を成長させるよう注意を払うことである。

家族の構成員に道徳教育をするのは、両親の逃れられない神聖な責務であり、ウイグル人たちの家庭の観点では、「父の行跡は子どもに残る」という考えが非常に強い。それゆえ、礼儀知らずの無作法な子どもたちがいたら、人々はとりあえずその両親をとがめる。「車輪に罪はなく車軸が悪い。娘に罪はなく母親が悪い」という諺は、その伝統的な観点から出てきた。

ウイグル人の家庭で実行される道徳教育の内容とその範囲は非常に広く、概して家庭の成員を、勤勉、誠実で、思いやりがあり、親切、善良で、賢い、真のムスリムに育てあげることを目標にしている。

息子を教育することは基本的には父が、娘を教育することは母親が引き受ける。父は息子を小さい時から自分の後ろに連れ歩いて、社会によく慣れさせる。礼儀を教える席に一緒に連れていくのである。家に賓客が来れば、子どもを呼んできて挨拶するよう促す。客の手に水を差し出すことを、わざわざ子どもに任せたりもする（一般にウイグル人の家庭のトイレは屋外にある。用を済ませた男性の客には、家人の男性が温かい湯をさしかける）。

またウイグル人たちの見方では、娘というものは何しろ他人の家庭の子どもとなるのだから、ということで娘の教育にとても気をつかう。母親は娘が小さい時から、部屋を掃除すること、洗濯すること、ご飯を作ることや裁縫などを教える。

このように、ウイグル人の中で昔から連綿と続いてきた一連の家庭のしつけや礼儀が後にイスラームの道徳規範と緊密に結びついて、履行すべき民族の道徳習慣になったのである。

このような習慣はウイグルの民間口承文学と古典書面文学に反映された。例えば著名な作家ユスフ・ハジ・ハジブの『幸福の智慧』の中には以下のような対句が見られる。

一一〇　いつでも古い一つの言葉が例えられる。父の地位と名は子どもに残る。
二四六　人は名声で歓迎を受ける。悪名であればそしりをうける。
一六六四　正しいことと恥、そして善行、この三つが一緒になれば、喜びとなる。
一九五一　聡明さと知識は必要である。おおらかさと穏やかさは必要である。
四二七六　もしもお前が喜びの多い生活をしようとするなら、自ら努力し、ねたみから遠くあれ。
四五〇九　息子をほうっておくな。暇であれば彼は遊び呆ける。
四五〇六　息子・娘に教えよ、知識そして礼儀。それはこの世とあの世での利益となる。
〔『ユスフ・ハシ・アジュプ《福楽智慧》蔵言選粋』劉賓・編選（新疆科学技術出版社）の日本語部分から引用〕

## 女性の地位

トルファンの私の「娘」サリーちゃん夫婦とオスマンの四人でレストランに夕食を食べに行った。ウイグル人社会では、一度会うと「知り合い」になり、二度会うと「友人」になり、三度会うと「親戚」になる。だから、親しい人を兄弟・姉妹、お父さん・お母さん、あるいは娘、息子やいとこなどと呼ぶので、本当の親族関係がわからなくなることがある。サリーちゃんにとって私はお父さんなのであり、私にとっては、サリーちゃんは可愛い娘なのである。

食べたのはおいしいウイグル料理「ポロ」である。彼女は「お父さん」である私の隣の席でなにやかやと世話を焼いてくれていた。そこへ仕事帰りの回族の男たち四～五人がドヤドヤと夕食を食べに入ってきて酒を飲み始めた。そのとたん、たまたま入り口に顔を向けて座っていたサリーちゃんは、サッと私の向かい側に座りなおしたのである。見知らぬ男たちに顔をさらして食事するのは、「母親のしつけが悪い、行儀のよくないこと」になるからだ。

私は、数年前友人のTさんと二人でコルラ方面に出かけた時のことを思い出した。私たちは彼の若く美しい奥さんの実家に立ち寄って、食事をごちそうになった。そこは購入したばかりのマンションで、彼女の父親や姉妹たちやその夫たちが集まって相手をしてくれたのだが、彼女の母親も含めて女性たちは台所方面に固まって一人も出てこなかった。男性の客が来ると、女性たちは男たちが食べている間に、そそくさと台所で食べるのである。食事を作るのは女で、食べるのは男という、かつての日本にもあった図式である。

そういえば、新疆の旅では、何度か夫が妻を殴り飛ばす場面に出くわした。

ある時、レストランで食事をしていた私の目の前を、友人夫婦との会食に遅れたのであろう若い奥さんが、「遅れてごめんなさ～い」とでもいいながら、階段を駆け上がってきた。すると、夫はいきなり妻を殴り飛ばし、彼女は階段からゴロゴロと転げ落ちていった。本当に「殴り飛ばした」のである。

結婚式や割礼のお祝いの席などで、食事をしたり、楽しくダンスを踊っている時にも、何が気に入らなかったのか、若い夫がいきなり妻を殴りつけ、妻は悲鳴を上げながら逃げまどうという場面に幾度となく出会った。

テレビカメラが私を撮影しているパーティの席で、酒に酔った男が乱入してきて、そこにいた彼の妻をいきなり殴り始めたことがある。この時はまわりの男たちが妻のほうに味方して、夫を殴りつけた。私を取材していたテレビ局のカメラマンまでもが、大切なカメラを床に置いて、殴る側に加わり、暴力亭主はボコボコにされてしまった。

最初は仰天したが、そのうちにまたかと思うようになった。妻は自分の所有物という男尊女卑の考えの行き着くところなのであろうが、私には理解できない。

こんな例もある。以前、日本に留学していたウイグル人女性留学生のことである。

大学を卒業してすぐ、ある研究所で働き始めた彼女は、親の決めた夫と結婚した。彼とは結婚前に二〜三回しか会っていなかった。結婚後、ウイグル人社会では当然のことだが、彼女は独身時代には、親への仕送り以外には自由に使っていた八〇〇元の給料をそっくり夫に差し出さなければならなくなった。そのうち一ヵ月二五元（三七五円）が夫から「お小遣い」として与えられることになった。そのわずかなお小遣いの中から本やブラウスや靴を買うのにも夫の許可が必要だった。少し高いものを買うとひどく怒られた。しかし、当時の彼女はそれを当然のことと受け止めていたのである。夫のほうは彼女には何の相談もせずに、彼女の給料を自分の親兄弟への仕送りなどに使っていたこともあとで知った。

しかしその後、仕事の関係で北京や上海などの沿海部や日本などの海外の女性の生活に接して、彼女はようやく夫と自分の関係の理不尽さに気づいた。彼女はいま、夫との離婚を望んでいる。

だが、ウイグル人女性にとって「離婚」はかなりの難事である。まず、離婚するとまわりから「母親の娘に対するしつけが悪い」といわれるので、理由のいかんを問わず母親が反対する。さらに新疆の離婚法では、離婚をいいだしたほうが離婚後の財産分与の取得分が少なくなる。したがって実際に離婚にこぎつけるまでには相当の覚悟が必要だというのである。

ウイグル人女性知識層の最前線にいる彼女が、私たちから見れば、いろいろな理由があろうが、その程度の認識で離婚に踏み切れないでいるのだから、他の一般女性や、まして貧困層や農村地帯の女性たちの苦痛は想像がつくというものだ。自己を主張することが許されない。彼女たちが、どのように虐げられた状況のもとで生活しているのか。ロマンあふれるはなやかなシルクロードの表の顔からは想像のつかない現実が存在しているのである。

## 子どもたちの教育

トルファンのある中学の体育教師の話である。

「この中学の生徒たちの七〇％は農民の子どもたちで、不登校は一％か〇・一％くらいでしょう。

暴力は聞いたことがありませんが、いじめは多少あります。急用や病気で休むことはありますが、普通、遅刻・早退は少ないです。学費は小学生が半年で三〇元（四五〇円）、小学生の上級生が五〇元、教科書代は六〇〜七〇元ぐらいです。初級中学の学費は二〇〇元くらい、教科書代は別で、昼食は家に帰って食べます」

中学生と小学生上級生の子どもが二人いると仮定して、年間の額を計算すると、学費は五〇〇元、教科書代は二四〇元、合計で七四〇元になる。レストランのウエイトレスの月給がだいたい三〇〇〜四〇〇元ほどである。その二ヵ月分以上の額になる。南新疆の農村地域では農民の年収が五〇〇元のところが存在している。だから、その金額は、泣く泣く中途退学しなければならないほどの高額なのである。彼ら共産党員のウイグル人教師たちは就学率の高さを強調するが、中途退学者の存在の多さをけっしていわない。

この学校には、二〇〇五年八月に日本の女性教師たち数人とともに教師や生徒たちとの交流を目的に再訪した。この時は、中央アジア特有のアトラス模様のワンピースを着たチアガールの少女たちによるブラスバンドでの出迎えに度肝を抜かれたものであった。しかし、その裏の現実は一回きりしか訪れることのない観光客にはなかなか見えてこない。

トルファンの長老Eさんから話を伺った。

以前、不登校はなかったが、いまは多少ある。高校を卒業しても仕事が見つかるあてがないことや、学費が高いため、中学を終わってから高校に行かない子どもが多くなっている。ほかに仕事がないから、親は子どもを学校にやらないで親の仕事を手伝わせるのだ。

健康の面では、前よりは少しレベルが下がってきている。大きな理由は、インスタント食品を食べるようになったことと十分な運動をしていないことである。

トルファン人は昔からイスラームの教えを大切にしている。家族の幸せのために子は結婚する。家でも街でもウイグルの習慣は大切にしなければならない。しかし、自分のことしか考えない子どもたちが増えてきた。

一九七八年の改革開放政策以降、ヨーロッパや日本の習慣が入ってきた。いいものも入ってきたが、悪いことも知って、若いものも間違いを犯すようになってきた。親に対する礼儀を忘れ、挨拶や仕事を手伝うことなどをしなくなったものも少なくない。マリファナやヘロインなども入ってきて、それに侵されるものも増えている。エイズも入ってきている。

ウイグル人は昔から男と女の関係を大事にしてきたが、いまはすぐに性交渉を持ってしまう。性病にかかる高校生も多い。これは私たちウイグル人にとってはとてもよくないことである。

まるで日本の若者のことをいわれているみたいである。アルズグリ先生はこの長老とも親交がある。私が帰国後、長老のこの話をアルズグリ先生に伝えたところ、「それは保守的なお年寄りが若い人の断片的な言動について語ったもので、多くの若者はそんなことはありません」といわれた。

しかし、アルズグリ先生は既に日本に来て七年になる。前掲の論文も彼女が新疆で生活していた頃のものである。現在はだいぶ様変わりしているという私の報告に、アルズグリ先生自身は賛成していない。しかし、欧米近代合理主義の「負の遺産」はウイグルの青少年の中にも確実に入り込んできている。それは、日本という国が実際に体験してきたことなのである。

## カオスの中の青春

トルファンで散歩に出てホテルへの帰り道に迷ったので、街角で友達とバイクの横で談笑していた青年にホテルへの道を尋ねると、「後ろに乗ってください」といって、サッと私をホテルの玄関まで乗せていってくれた。私は心からの感謝の気持ちを込めてお礼をいった。東京でこのような若者が果たして何人いるだろうか。

退廃に浸って「青春を謳歌」しているシティボーイとウイグルのよき風習を守ろうとする青年とが同時進行形で存在しているのであろう。いま新疆のウイグル人社会は「カオス」の中にあるといえるかもしれない。

さらに同じトルファンで私の定宿のホテルでのことである。ホテルのレストランで遅い夕食を終えて部屋に戻ろうとすると、先ほどからフロントや廊下をウロウロ歩いていたウイグル人の若い女性が話しかけてきた。

「先生、按摩はいかがですか？　私は若いきれいなウイグル娘です」と漢語でいう。「私も若いから按摩はいらないよ」と断ると、「私は按摩以上の特別なサービスもしますよ」といって私の部屋までついてきて、「部屋の中で話しましょう」と強引に入り込もうとする。私は彼女を力づくでドアの外に押し戻した。

翌日、車で迎えに来たオスマンにそのことを話すと、彼は同じウイグル人のことなので、顔をしかめながらいった。

「彼女は野口先生をつかまえることに失敗したあと、また外出から帰ってきた日本人技術者に話しかけていました。二人はエレベーターで上に上がっていきましたよ」

彼女たちは売春という商売を、初めは恥ずかしいのでオズオズと仕事を始めるのだが、慣れると、非合法とはいえ「こんなに儲かる商売を何でもっと早くやらなかったのか」と堂々と商売にいそしむという。

一九四九年の新中国建国後、中国政府はそれまでの国民党政権下にいた数百万人に及ぶ売春婦をすべて摘発して、性病を根治させる医療活動を展開し、それぞれ故郷に帰したり、新しい仕事を紹介したという。文字通り人民を解放し、貢献する軍隊と政府の崇高な事業であった。しかし、最も古い職業だといわれている売春をなくすことは可能なのだろうか。

## 回族のこと

以前から回族のことについて知りたいと思っていた。

トルファン市内に住んでいるウイグル族の年配の女性を紹介してもらった。彼女は地域の女性関連の幹部をしている。さしずめ、町内会の婦人部長といったところだろうか。隣近所はみな回族だというので、回族について話を伺った。後述するピチャンの回族のモスクのアホン（礼拝指導者）の話の内容との共通点と食い違いとに注意していただきたい。


回族の言葉は漢語である。けっして豚肉を食べないのは他のムスリムと同じで、一日に五回礼拝し、ラマザン（断食）をし、礼拝することと断食するのも他のムスリムと同じである。

回族のモスクは二つある。それは二つに分かれている。

「大きいモスク（東大寺）」の習慣はウイグル人とほぼ同じで人数も多い。習慣はウイグル人に近い。

「小さいモスク（西大寺）」の習慣は漢族と似ている。数は少ない。習慣は漢族に近い。

この大と小のモスクは昔から相互に結婚しない。葬式のやり方も違う。

「大きいモスク」は金持ちが多いので、牛を殺してみなに食べさせる。

「小さいモスク」の貧乏人は羊を殺してみなに食べさせる。

トルファンのウイグル人は、葬式後、五日後に牛や羊を殺して「ナズル」（地方によって違うが、トルファンでは葬式が終わって五日目に礼拝指導者をはじめモスクの人たち、親戚やたくさんの人たちを呼んで食事を食べさせ、死者の霊魂に祈る）をする。ウイグル人は葬式の日には食べ物は出さない。しかし、大きいモスクの回族は、葬式が終わると葬式に参列した人々にごちそうする。それぞれ自分の経済状況にあわせて牛や羊を殺して、葬式に来てくれた人たちを招待する。特にモスクのアホン（礼拝指導者）を特別に尊敬し、金やプレゼントを持たせる。ラマザン（断食）の時にはアホンを特別に大切にする。

一つの村には何人かのアホンが必ずいるが、もし自分の村にアホンがいなければ、近所やほかの村からアホンを呼んできて、ごちそうしたり、たくさんプレゼントを持たせる習慣がある。回族とウイグルの習慣は違う。回族はモスクのアホンが農村にいれば出てもらうが、いなければアホンのいる村まで呼びに行ってお祈りしてもらう。クルバン（犠牲）祭りやラマザンの祭りでは、牛や羊を殺してまずアホンに食べてもらう。アホンが食べないとその家族は絶対に食べ物に手を出さない。アホンが来て食べるまで家族全員で待っている。一日中でも待つことになる。

ラマザンの時、ウイグル人は夕食時にアホンや長老を呼んできて、クルアーンを読んでもらい、それからごちそうをする習慣がある。回族は朝の食事の時に（だいたい夜明け前の三～四時ごろ）真夜中でもアホンを呼びに行って、出した食事を食べてくれるまで待っている。貧乏な人でも一〇〇元を出すとか、羊の肉の半分を出すなどする。このようにアホンをとても大切にして、自分の信仰心を表す。

親は結婚相手を決めることを大事にする。家柄と家同士が同じくらいの財力であれば結婚できるが、レベルが違ったら結婚できない。家系（家柄）をとても大事にするので、自分の家系に合うような人でないと結婚させないことが多い。回族のあいだでは、女性は三〇歳までに結婚しないとよくないと思われている。トルファンの回族は、自分の村で自分の家系に見合うような結婚相手がいなくて、娘が年取って未婚ならば、達坂城（ダーバンチャン）やウルムチの回族と結婚させることもあるという。とにかく年をくった娘は遠いところに結婚させるという習慣がある。

一九三一～三三年、漢民族支配に反発したウイグル人が各地で独立運動を展開し、カシュガルで東トルキスタン・イスラム共和国の建国が宣言された。そのきっかけとなったのが回族の蜂起である。この時、数万人の回族が死んだといわれる。トルファン駅の近くに回族軍の司令官・馬仲英の墓があるが、青海省や甘粛省蘭州からも回族が大挙やってきてお祈りをする。政府は現在ではこれを禁止しているが、みな秘密に毎年一度、その墓場に行って行事を行なっているようである。

私は、回族の祖先は昔、スキタイ・サカの末裔が漢族と混血したと推測しているが、チンギスハーンが中央アジアを劫略した際に、なんらかの技能を持った人たちを大勢モンゴルに連れ帰り、その末裔が漢族と混血して回族が形成されたとの説もある。アルズグリ先生のように、アラビアなどから広州経由で中国大陸に入った人たちが、混血を重ねて今日に至ったとする説もある。

漢族の女性でメッカに行ってアラビア人と結婚して帰らなかった人たちは「トゥルプ・カルガン」といわれた。それで、新疆に帰らなかった人たちをウイグル語でトルカガンといったのが、発音の変化によって、回族を意味する「トゥンガン（東干）」となったともいわれる。だから、アラブ人は回族を非常に大事にするようだが、この回族の由来についての話は、まだまだ未解明の部分が多い。

私はここで隣に座っている彼女の母親が数珠を持っているのに気がついた。チベットでは数珠の一つの珠を動かせば、お経を一回読んだことになるが、ここのお母さんも数珠の球を一つ一つ動かしていた。一日、何十回もアッラーを唱えることになるという。後日、もう一度聞いたが、これもイスラームにある数珠だという。その数珠は長いものは一一一個なのだが、短い三三個というものもある。


回族はウイグル人たちと同じムスリムだが、習慣はウイグル人とは全然違う。回族は人が多く集まることを嫌う。自分のことを大切にし、秘密を守り、自分や自分たちのことは周囲の人たちに知られたくないと思っている。すぐに他人と仲良くなれない。

回族にはハジ（メッカに行ったことのある人）はたくさんいる。メッカに五〜七回も行ったことがある人もいる。

回族の中で貧しい人はほとんどいない。商売が上手だから金持ちが多い。トルファンでは有名な回族の成功談がある。四人の回族が仲間になって商売をして大もうけをし、トルファンで一番の金持ちといわれるほどになった。今は毎週、羊を一匹ずつ殺して、五〇～六〇人いる四人の家族で分け合って食べている。この四人は裏切らないようにと誓い合って商売してきたといわれる。

回族には酒を飲む人は少ない。飲んでも家で飲む。タバコもあまり吸わない。貧乏人は少ない。みな金持ち。とにかく、人に隠すことが多い。これが回族の人となりの風評である。

ウイグル人の間では、本当のことをいわない人のこと、あるいは頑固な人のことを、「回族人みたい」といういい方がある。

回族は田舎の生活より都会の生活の方が好きだ。回族の商売は、まず料理を作ることからである。それから宗教心が強い。一生懸命にクルアーンを読んで、神に祈る。みなクルアーンを学んでいる。

回族は漢語しか話さない。回族の独自の文字もまったくなく、踊りもない。すべて漢字を用いている。トルファンの回族はウイグル語も七〇％くらいは話せるが、青海や中原の回族はウイグル語を話せない。回族はウイグル人ほど音楽、芸術、踊り、文字、言葉、文化も持っていない民族である。

社会的地位、経済力、信仰の強さや宗教的行事のやり方の違いによって、「大きいモスク」と「小さいモスク」と二つの派に分かれたようだ。「大きいモスク」の回族はウイグル人と同じで、イスラームの行事をきちんと守る。「小さいモスク」の回族人のやり方は漢人に近く、イスラームの行事をキチンと守れない。

ウイグル人は男の子が七歳になると割礼をするが、回族はしない。針で少しだけ刺して血を出すだけである。

歴史的なことをいえば、北京の皇帝の住むところもウイグル人が建てた。回族人の建築芸術はない。北京にある故宮の建物を作った人たちもウイグル人であった。

ウイグル族のおばさんのいうことは、だんだん回族への悪口になっていくようである。

## 回族のイスラーム指導者・アホン

さあ、では回族の人そのものに直接、話を聞いてみよう。

トルファン地区のピチャン県は中国で一〇本の指に入るほど大きな県である。公務員の給料も二〇〇四年の一月一日から大幅に上がって、トルファン市より二〇％くらい高くなったそうだ。その理由は、近くに石油が出て、その利益の二％が県に還元されることになったからだそうである。

回族村の「大きいモスク」の東大寺に行き、初めてアホンに直接、話を聞くことができた。ピチャンのドンバザという集落である。ドンバザとはバザールの後ろという意味だそうだ。

ホビジンという回族人のアホンはこの土地の生まれで、クルアーンやイスラームの勉強を一二年間続けて資格をとったそうである。

仕事はどのように?と聞いたが、おそらく通訳のオスマンが間違えて、アホンに仕事以外に何か職業についているのかと聞いたのだろう。「一日五回の礼拝だけで、ほかに仕事なんかできるわけがない」といわれてしまった。そんなこと聞いてないのに、オスマンのサホー（トルファン語の方言で軽い意味のアホウという言葉）！

この地域の集落の戸数は約五〇〇戸。人口は二〇〇〇～三〇〇〇人くらいだろう。普通の礼拝は一〇〇人くらいだが、クルバン（犠牲）祭りなどの時には一五〇〇人くらい集まるとのこと。モスクはこのような人たちのお布施でまかなわれているのだろう。

このモスクは一〇〇年くらいの歴史があり、自治区級の重点文物に指定されている。一九九四年にモスクの改修をしたが、政府からは三〇万元の支出があり、その他はみな自己資金で修理をしたそうだ。彼も一応、毎月三〇〇元の給料をもらっているそうだが、実際の収入はその何十倍もあるだろう。このモスクにも結婚式だとか葬式だとかで多くの人が来る。一番貧乏な人でも最低一五〇元は出すのだから。給料が三〇〇元などというわけがない、嘘なのかオスマンの誤訳なのかどちらかだろう。

「アホン」とは、新疆では元来、イスラームの指導者を指したが、のちには年長の男性に対する敬称ともなった。回族においては、清朝以降、一般には清真寺（モスク）などでイスラーム教学を習得し、審査に合格して宗武者の資格・呼称を得たものをさす［小松久男ほか編『中央ユーラシアを知る事典』］。

## ルクチュンの歴史

ルクチュンは現在、トルファン市の東南七〇キロにあるピチャン県の一つの町（鎮）に過ぎないが、かつてはこの地方の中心だった。ルクチュン中学校の若い副校長Yさんに、ルクチュンの歴史について伺った。

ルクチュンは一四〇〇年から一五〇〇年頃が最も勢いがあった。高昌故城は一四七〇年に滅びたが、当時、ルクチュンの王はコルラ、トルファン、ハミまでも治めていた。その首都がルクチュンであった。

一六三〇年から一九三四年まで一〇人の王がいた。一九〇〇年代になってから盛世才《せいせいさい》（「新疆王」と呼ばれた満州出身の軍人。日本に留学したが、満州の実情を知って反日主義者となった）の国民党が来ても王は存在していた。

解放後、一九四九年から九〇年までの人民公社時代の生活はよくなかった。改革開放は一九七八年に発動され、八一年に政府が農地を開放して農民に分け与えられた。税金の制度などが整備されて九〇年から生活がよくなった。

吐峪溝が仏教の聖地なのを私は知っている。街ではそれをいったら殴られるだろう。しかし、正しい歴史を理解できる人はわかる。ここにはカシュガルやホータンより四〇〇年遅れてイスラームが来た。一三〇〇年代には八〇%が、一四〇〇年代になってからは一〇〇%がイスラームになった。

昔、ルクチュンはハミに所属していた。現在はトルファン地区に所属している。一九七八年からトクスン、ピチャンもトルファンに加わった。だが当時はこうした隣の町と比べてルクチュンは貧しかった。

私は七～八年前、歴史を学んだが、次第に学ぶ機会がなくなってきた。歴史に関する良い本があるが、それを読むことは政府から禁じられている。

ルクチュンではZさんというおばあさんに昔の話を伺うことができた。

ルクチュンの王の名はスルタン・マムティで、王の子はイミンワンとメットサイトワン。ハミの王もここの王の子でマンスルガンといった。当時、ハミからここルクチュンまでたくさんの人が住んでいたが、生活はとても貧しかった。

ある話の上手な夫婦がいた。夫はナイハン、妻はシムラーハンといった。彼らには子どもがたくさんいた。夫婦は一緒に王のところに行って面白い話をいっぱいして、たくさん食べ物などをもらった。ある人は、結婚したいけれどお金がなかったので、王のところに行って面白い話をいっぱいした。王は笑って食べ物やお金をたくさんくれた。面白い話ができない人が行くと「何をしにきたのか」といわれて追い返されたが、あとで食べ物を少しだけ送ってきた。王様には別のところにも領地があって、食べ物がたくさん取れたから、あげるものもたくさんあった。農民たちは自分が作ったものだけで食べていくには足りなかった。

王様は一ヵ月に一回くらい領地内の奥さんたちを集めて、生活のことや税金のことなど、どれくらい困っているかを聞いた。そして一〇キロくらいの小麦粉と一～二キロの肉をくれた。

こんな昔話がわかる人はもうみんな死んでしまった。

私は昔、一五歳の時、学校の教師と結婚した。三年後にできた子どもは八ヵ月の時に死んだ。夫は子どもが五歳の時に死んだ。父は私が八ヵ月の時に死んで、母は四歳の時に死んだ。だから祖父母の家で育った。そして一年後に再婚した。相手はアンドリ・ジンジャンという名前で、アフメッド・チューシュ（盛世才のことか？）政府で仕事をしていた共産党員だったが、結婚して八ヵ月で警察に捕まって、いまだに生死不明だ。いつも子どもがお父さんはどこにいるの？と聞くので、トルファンに仕事に行っていると答えていた。その子も四歳で死んだ。

三回目は二五歳の時に五人の子どもがいる人と結婚した。上は一〇歳で、下は五歳だった。アホンも私のことを、よく頑張っているね、といってくれた。三番目の夫は洋服を作っていていい技術を持っていたので、アッラーもほめているよ、といってくれた。商売はうまくいった。その後、子どもが九人生まれて四人死んだ。一〇人は今もみな元気でいる。

新中国誕生や文革のころは、女は外に出ないで家の中にいたので何もわからない。子どもが一〇人もいたからそれどころではなかった。

八〇有余年の人生を淡々と語ってくれたが、その人生には語っても語り尽くせぬ深い悲しみと喜び、そして苦しみがあったことだろう。心から感謝の気持ちと長寿を祈る言葉を述べてその家を辞した。しかし、お話の内容は王様が善政を施して食べ物などをくれたということの繰り返しだった。王からの搾取や税金のことなどを聞くことはできなかった。

## 漢土と接するハミ（コムル）の歴史

ハミ（ウイグル名コムル）は、天山山脈の南麓もほとんど尽きて、ゴビ灘に埋没するかに見える位置にあるオアシス都市である。現在はトルファン地区ではなく、コムル（哈密）地区に属する。その古い呼称は「伊吾」。漢土の河西回廊から西域南道、西域北道へ渡る交通の要衝であった。

この地が歴史の脚光を浴びたのは、西暦七三年、後漢の匈奴討伐の時で、この戦いの結果、後漢王朝はここを匈奴から奪取し、屯田を経営するようになった。この時、この地は「伊吾盧《いごろ》」の名で伝えられたが、一説によれば、この語は匈奴語を写したものという。

七世紀のはじめ、隋の煬帝《ようだい》は韋節や杜行満らを使者として西域に送った。唐代に入ると、さらに多くの使節が西域に派遣された。六三〇年には将軍季靖がハミを占領し、一〇年後には侯君集が高昌国を滅ぼした。七世紀中ごろには西突厥討伐のため梁建方、蘇定方らがソグド人の都城スイアブ（破葉城。クルグズのアク・ベシム遺跡）を越えて中央アジアのタシケントに達した。六六一年にはトハリスタン（アフガニスタン北部。大夏あるいは吐火羅）に都督府（地方の軍本部）を設置するため、王名遠がハミに派遣された。

その後も、このオアシスは北方遊牧民と中国との争奪の的となってきたが、他の西域のオアシスと異なり、王をいただく国家を形成した形跡はない。ただし、交通の重要拠点として、ソグド人たちがこの地を買収し、聚楽としたことがあり、北方の遊牧国家もソグド人を保護していた。また西に隣接する麹氏高昌国が唐に滅ぼされる前に、この地のソグド人で、ゾロアスター教の祭主となっていたものが長安に赴き、その呪術的な力によって皇帝を感服させ、将軍号を授与されたことが伝えられている。

ここがソグド人の聚楽となったことからも明らかなように、交易ルート上に位置する商人たちの重要な交通拠点であったことは疑いない。しかし、これが余りにも強調されてきたために、後漢以降河西の敦煌方面から西域に行くのに、北行してハミへ行くルートのみが取り上げられ、それまで使われてきた敦煌から楼蘭、ロプ・ノール北方を経て西域南道へ行くルートが全く使われなくなったかのような印象を与えてきたが、実際にはこちらのルートも往来は途切れることはなかったのである。

## 出前演奏家

ハミの街は、かなり漢化されているのかと思っていたが、そうではなく、他の新疆のオアシスと印象は変わらなかった。しかし、街の近代化は進んでいて、トルファンの街に引けをとらない繁栄ぶりであった。

ハミ市郊外にある文化宮のような宴会場で友人たちが私の歓迎の宴を開いてくれた時、「出前演奏家」のパッタルさん夫婦がやってきた。みんなが金を出し合って呼んでくれたのである。

夫のパッタルさんは五五歳。三〇年間も演奏をしてきたが、二〇〇〇年頃からこのように宴会場で演奏をして稼いでいるという。二〇〇三年、ハミ市のコンクールで二位になった。妻のアイシャムグリさん（五〇歳）は、夫に従って三～四年前から同じ仕事を始めた。ハミの昔からの楽器――ヤギの皮でできたギジェツキ（ハミにしかない大きな胡弓のような楽器）を夫が、大きなタンバリンのようなダップを妻が演奏する。

夫婦の本業は農業だが、利潤はプラスマイナスでほとんどゼロだという。それでは生活できないので、一回五〇元から一〇〇元くらいで演奏して収入を得ている。

みんな踊り出し、私も女性たちから踊りに引っぱり出された。ここの踊りもハミのメシュレプ(祝いの時の演奏・踊り、またその催しそのものを指す)である。花束を持った女性が男性を誘い出して、しばらく踊る。踊り終わったら三〜四回まわってお辞儀をし、相手に花束を渡して次の人に移る。それを次々に繰り返すのだ。私も少し覚えた。

## ハミ・ムカームの継承と古老の悩み

コムル(ハミ)市内のある団地の五階に行く。そこにはハミ・ムカームの長老がいた。長老の名前はローゼソフィさん。ムカームというのはウイグルの伝統的な楽曲のことである。詳しくはクチャの章で述べるが、歌と踊りが大好きなウイグル人の生活とは切っても切れない存在で、地方によってそれぞれ特徴がある。

「ハミの歴史については、自分が生まれたところしかわからない。みんな私と同じ考えを持っている。ハミも地域性があるから地域によって生活習慣も違う。ハミの歴史はとても複雑である」といって、ハミの歴史そのものについては結局、話してくれなかった。知らなくて話してくれなかったのか、知っていても話してくれなかったのか。ウイグル人はおしなべて町の歴史を語りたがらない。

ローゼソフィさんは後継者のために「ハミ・ムカーム」をテープに録音して教えているという。ハミ・ムカームについては饒舌だった。

一〇〇〇年前、大作家ムハンマド・カシュガリーは大陸の一番東に「JAPAN」という国があり、そのうち日本人がわれわれ西域人を研究するはずだと言った。それはあなたかもしれない。ハミではミイラもたくさん発見された。一九八二年にハミで発見されたミイラは、今はカシュガル博物館に所蔵されている。

ハミ・ムカームが今日まで伝えられてきたのは、ハミ王朝のおかげである。長い歴史があるこのハミ・ムカームを伝えてきたのは胡弓である。胡弓があってこそ、ハミ・ムカームは今日まで伝えられてきた。昔ここに来た漢人が、この胡弓を見て、今の漢人が使用している二胡を作った。昔は胡弓の形は簡単だったが、その後いろいろと改善されて一七弦のこの形になった。いまはこのような胡弓を作る工場もないし、作れる人も少ない。いまこの胡弓の値段は五〇〇〜六〇〇元ぐらいする。以前、ハミ・ムカームをほかの楽器とあわせて演奏したこともあるが、一番微妙なところまで表現できなかった。やはり、この胡弓だけで演奏したほうがムカームの味が出る。

やがて長老は胡弓を取り出して弾きはじめた。楽器の大きな缶詰のような銅の部分は日本製だという。弟子たちも真剣な眼差しで長老の指先を見つめている。哀愁を帯びた音色がいつまでも私の心に残った。どういうことか、私は一〇数年前に行ったことのある富山の「おわら　風の盆」を思い出していた。長老の話はさらに続く。

ハミ人は昔からメシュレプが好きで、ハミ・ムカームを非常に大切にしてきた。ハミのムカームは新疆のほかの地域とちがって独特なものがある。ほかの地域のムカームはいろいろな楽器で演奏されるが、ハミ・ムカームはこの胡弓だけで非常に美しいメロディを作ることができる。ハミ・ムカームは私たちの宝ものである。私たちはハミ・ムカームを発展させるというより、今まさにハミ・ムカームを学んでいるところだといえる。

ただ心配なのは、ムカームの後継者がいないということである。私たちは現在のハミ・ムカームのレベルでは満足したくない、もっと深く研究したい。しかし、経済的な困難もあるし、このハミ・ムカームをもっと研究したいという人が少ない。自治区政府やハミ政府も応援しているが、積極的に努力する人が少ない。だから、ハミ・ムカームはまだ整理されていない。完全には整理されていないため、民族のほかの人たちに強い影響を与えることができない。ハミ人の日常生活の中で歌ったり踊ったりすることだけにとどまっている。

私は一二歳から六〇歳までハミ・ムカームをやってきたが、まだまだわからないところがたくさんある。ハミ・ムカームは一つの学問領域だ。私はたくさんの若い者にこのハミ・ムカームを勉強してもらいたいと願っている。もっと研究してもらいたい。勉強したいという者もいるにはいるが、本格的にまじめに勉強する者が非常に少ない。

ハミ・ムカームは紀元一世紀以前から伝えられてきたものと考えられている。ムカームは私たちの心に精神的な栄養を与えてくれる。ムカームは本当にウイグル文明の宝である。ムカームの本当の価値がわからないから、後継者がなかなか出てこないのだ。

現在、各地域のムカームは自治区政府によってほとんど整理し終わった。ハミ・ムカームの整理だけが政府のこれからの仕事であると思う。私はきっとすばらしいハミ・ムカームが世の中に生まれると思う。

ウイグル族の伝統楽曲「ウイグル十二ムカーム」は、二〇〇五年一一月にユネスコによって「世界文化遺産」に登録された。クチャ、カシュガルやホータンなど各地のムカームは、ほぼ整理された。ハミだけが残されているのである。

後継者難は、いずれの地でも、どの分野にも共通した悩みであるが、「ムカームは私たちの心に精神的な栄養を与えてくれる。ムカームは本当にウイグル文明の宝である」という長老の信念が次の世代に受け継がれていけば、この美しい伝統楽曲はきっと維持され発展していくことだろう。

# 第5章　飛天が乱舞するクチャ

キジル千仏洞のクマーラジーヴァ（鳩摩羅什）の像

クズルガハ烽火台

スバシ故城。象の形をしている。

スバシ故城の城壁跡

クチャのオート三輪タクシー

クチャの足こぎタクシー

シャヤの通り。街中はまだいいが、一歩郊外に出ると絶望的に貧しい。

「生まれてこのかた、自分の生まれた土地から出たことがないよ」と嘆く老人。

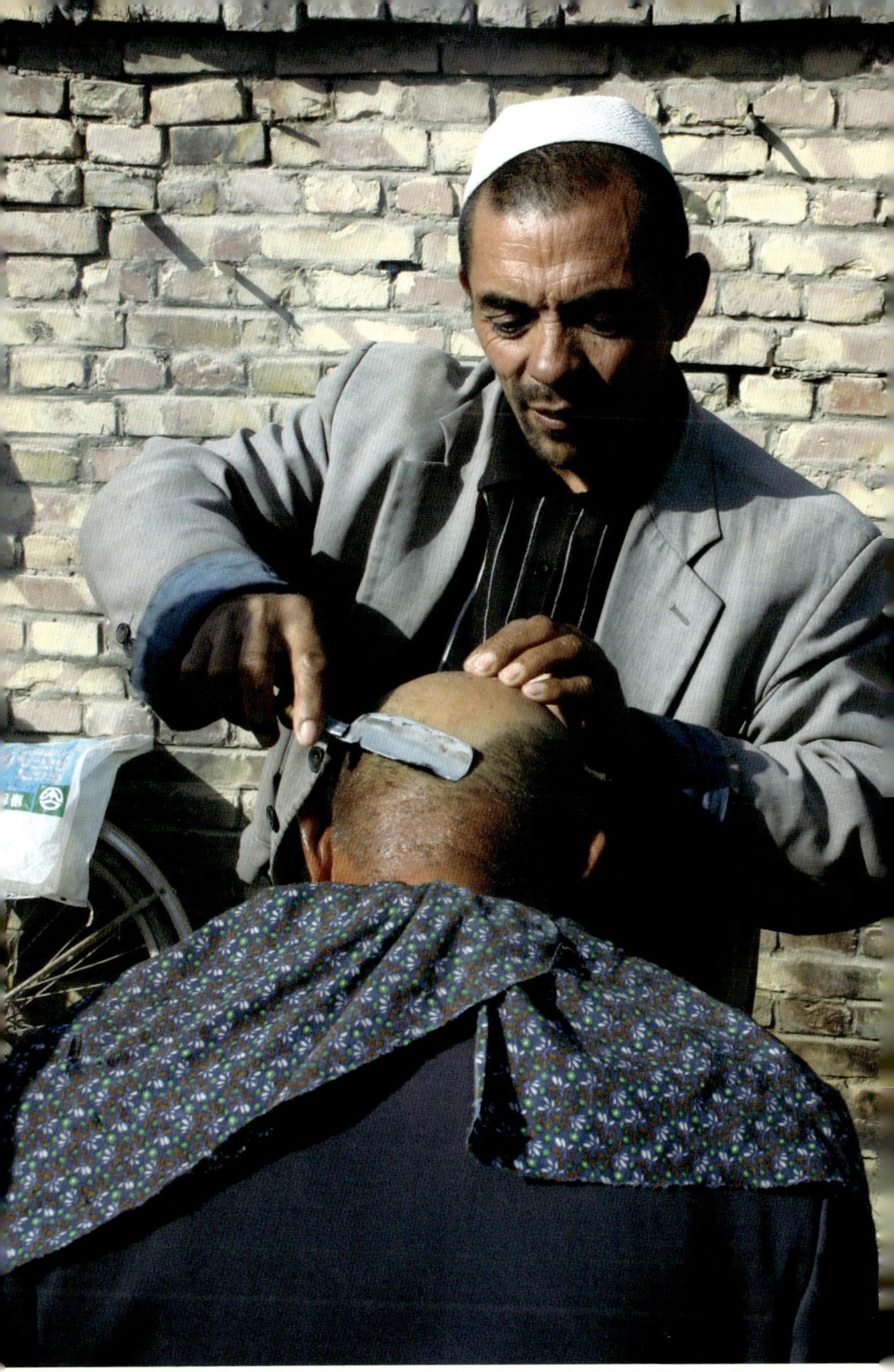

アクスの屋外床屋。カメラを向けると客のおやじさんが笑い出して、頭を少し切ってしまった。

## 仏教東漸の拠点、クチャ

クチャを中心にアクス、カラシャハール、シュルチュクそしてバインゴル・モンゴル自治州一帯をまとめて「クチャ地域」と呼んでいいだろう。

天山山脈の南麓、西域北道の中間に位置するクチャは、三五万人あまりの人口を持つアクス地区第二の都市である。住民は九〇%がウイグル族。ウルムチからは汽車で約九時間、車ではコルラから天山山脈の山中を抜けて四時間以上かかる。

クチャは、北西に天山山脈を突っ切ってイリやアルタイなど北新疆に向かう街道の要衝で、かつて亀茲《きじ》国が栄えた土地である。亀茲国は、前漢時代に歴史に登場した西域最大のオアシス都市国家で、後漢時代には西域都護府が、唐代には安西都護府が置かれた。「亀茲楽」と呼ばれた舞楽が有名で、これはその後、日本にもたらされて雅楽となったといわれている。

クチャはまた、仏教東漸の歴史の上で重要な役割を果たした都市でもある。四世紀後半に仏教を漢語に翻訳したクマーラジーヴァ（鳩摩羅什、三五〇～四〇九年）はここクチャの出身である。玄奘《げんじょう》三蔵（六〇二～六六四年）もインドへ求法の旅に向かう途中、クチャに立ち寄っている。

クチャにある仏教石窟は総計五七〇あまり。これらの石窟には、四世紀頃から大乗仏教とともに盛んになった西域的な仏教美術である「飛天図」が色鮮やかな色彩で描かれ、西域が生んだ世界的文化遺産として高く評価されている。

クチャは昔からムカームの故郷と呼ばれ、「クチャ・ムカーム」が名高い。キジル千仏洞に描かれた伎楽飛天は、クチャがムカームの故郷であったことを物語っている。

しかし、クチャを有名にしているのは仏教石窟だけではない。もう一つ、クチャで有名なのは杏である。水資源の豊富なクチャは杏の名産地と知られ、ここには二三種類の杏がある。またぶどう、ざくろ、桃、梅、棗《なつめ》、いちじくなどもたくさんとれる。クチャの羊皮や小刀も有名である。

このように、クチャは文化の面でも産物の面でも非常に豊かなものを持っている。

## クマーラジーヴァ（鳩摩羅什）

クチャ（亀兹）に生まれたクマーラジーヴァ（鳩摩羅什）は、玄奘、真諦《しんだい》、不空金剛《ふくうこんごう》とともに四大訳経家と呼ばれている。

クマーラジーヴァの父クマーラヤーナはインドの宰相でありながら、出家して西域の亀兹国にやってきた。そして亀兹国王に推されて国師となり、王の妹ジーヴァを妻にしてクマーラジーヴァが生まれた。クマーラジーヴァ（名前を意訳すると「童寿」となる）は七歳で出家、九歳で北インドに留学して上座仏教を学び、その後、カシュガルでは王子スーリヤソーマについて大乗仏教を究めて、サンスクリットの法華経を授けられた。そして、中国への布教を母から託されるようになる。

その頃、中国では「前秦」の符堅《ふけん》（三三八〜三八五年）が力をつけ始めていた。仏教に篤い信仰心を持つ氐《てい》族の符堅は、西域にクマーラジーヴァという高僧がいることを聞きつける。そこで、西域の征圧に向かわせた将軍の呂光に、クマーラジーヴァを連れてくることも併せて命じた。しかし、呂光が西域を平定し、クマーラジーヴァを伴って帰国する段になって、中国内部で政変が起こり、前秦そのものがなくなってしまった。仕方なく自立した呂光の「後涼」に留まっていたクマーラジーヴァであったが、ようやく「後秦」の姚興《ようこう》（三六六〜四一六年）に招かれて長安の地へと辿りついた。

四〇一年、後秦王姚興は後涼を討ち、クマーラジーヴァを迎えて国師とした。クマーラジーヴァは本格的に仏典の翻訳と構築に取り組んだ。訳した経典は、『中論』『百論』『十二門』『大智土度論』『法華経』『阿弥陀経』『唯摩経』『梵網経』と多岐にわたり、その数三五部二九七巻との説もあり、中国仏教の中で非常に大きな役割を果たすこととなった。中国への布教という大きな目標を持った彼は、そのために時の権力者であった符堅・呂光・姚興らに巧みに接近するという政治性も持っていた。そのためには仏教僧侶のタブーである妻帯を迫られ、妓女をあてがわれても断らなかったという。別の説では、呂光がクチャ王の娘を無理強いして娶らせたともいわれるが、ともあれ、このことは彼の最大の汚点となってしまった。

しかし、クマーラジーヴァが中国仏教の発展に与えた影響は、それを補って余りあるものであったことは間違いない。入寂《にゅうじゃく》し、荼毘《だび》に付されたその身には、舌だけが燃え残っていたという。布教に生きた彼の執念を感じる逸話である。

私が担当している新聞社の文化講座にも、クチャのクマーラジーヴァ・ファンが多い。おそらくNHKテレビの「新シルクロード」放映の際のクマーラジーヴァの歩く姿を見て、ロマンを感じたのだろう。ある漫画家の女性は、ツアーに便乗して二〇〇六年一〇月、クチャまで行って壁画を描き、挙句の果てにクチャにアパートを借りて住み込みたいといい出した。将来、壁画から漫画を描いて個展を開きたいといっている。私と同じような無茶で向こう見ずなDNAを引き継いでいるようで楽しみである。

## クチャの仏教遺跡

『漢書』西域伝によれば、当時の西域諸国の人口がだいたい一万人台であった中で、亀茲国は人口八万人余という大国だった。

亀茲国は、王が延城に治し、長安を去ること七千四百八十里。戸数六千九百七十、人口八万千三百十七、勝兵が二万千七十六人いた。大都尉丞・輔国侯・安国侯・撃胡侯・卻胡都尉・撃車師都尉・左右の将・左右の都尉・左右の騎君・左右の力輔君がそれぞれ一人ずつ、東西南北の部に千長が二人ずつ、卻胡君が三人、訳長四人がいる。南は精絶国と、東南は且末《しょまつ》国と、西南は杅彌《うび》国と、北は烏孫《うそん》国と、西は姑墨国とそれぞれ接している。鋳金・冶金の術をよくし、鉛を産する。東は都護の治所烏塁《うるい》城まで三百五十里。［班固『漢書』（小竹武夫訳）］

烏孫はイリの南、姑墨はアクスにあった国で、精絶その他は沙漠の中に消えていった国のようだ。このように紀元前から七世紀まで、亀茲国は西域最大の仏教王国として繁栄した。しかし、亀茲国は七世紀に唐に破れて滅亡し、九世紀末にかけてはウイグル人たちがこの地域で勢力を伸ばし始め、一〇世紀すぎからはイスラーム化が始まった。

六二七年、クチャを訪れた玄奘三蔵は、この地の仏教の盛んなる様を『大唐西域記』に次のように記した。

大城の西門の外の路の左右では、おのおの立仏の像の高さ九十余尺のものがある。この像の前に五年一大会の会場を建てる。毎年秋分の数十日間は国中の僧達はみなここへ集まってくる。上は君主より下は兵士・庶民に至るまで、俗務を取りやめ斎戒をまもり、経を受け説法を聴き、日を尽くしてなお疲れを忘れるほどである。多くの僧伽藍の荘厳された仏像は珍宝で光輝かし錦綺《あやにしき》で飾り、これを輦輿《こし》にのせてひく。これを「行像」といい、どうかすると千をもって数えるほども会場に雲のごとく集まる。［玄奘『大唐西域記』（水谷真成訳）］

現在、クチャに残る仏教遺跡として有名なのは「スバシ故城」「クムトラ千仏洞」「キジル千仏洞」「クズルガハ千仏洞」である。「スバシ故城」はクチャ市の東二三キロの砂漠の中、チョルタク山の麓に残る遺跡で、クチャ河を挟んで東西に二つの大伽藍が聳え、その周囲に数多くの仏塔、僧坊などが残っている。玄奘が『大唐西域記』の中で次のように述べているのは、おそらくこの「スバシ故城」のことであろう。

荒城の北四十余里のところ、山の入り込みに接し一つの河をへだてて二つの伽藍がある。同じく昭怙釐《しょうこり》と名づけ、東〔昭怙釐〕西〔昭怙釐〕と位置に従って称している。仏像の荘厳《しょうごん》はほとんど人工とは思えないほどである。

玄奘は「僧徒は持戒甚だ清く、まことによく精通している」と僧侶たちの熱心な修行ぶりを讃えている。さらに「遠方の俊才たちも義をしたって留学している」とあるから、この地はまさに西域仏教の中心であったのだろう。クマーラジーヴァのような人物がこの地に誕生したのもなるほどとうなずける。

玄奘は川の中を歩いたといわれるが、現在は有料道路の建設中である。しかし、そういったことを考えながら歩くと、峩々たる山並みの中の悪路もまた楽しい。

仏塔跡に上ると、上部の壁の中に木材が顔を出し、壁画が少し残っているのが見えた。最近の発掘で出てきたという階段を上り詰めたところには墓室も認められた。この仏塔は外から見ると象の頭部をかたどっているように見える。おそらくインドの影響なのだろう。クマーラジーヴァの父親がインド人であったように、当時は仏教や交易を通してインドとの関係が非常に深かったのであろう。

「キジル千仏洞」と「クムトラ千仏洞」は、クチャの西を流れるムザト河の岸壁に穿かれた石窟寺院である。特に「キジル千仏洞」は敦煌の莫高窟に次ぐ大遺跡だ。ムザト河の北岸二キロにわたって現在二三六の石窟が確認されているといわれるが、観光客が見られるのはそのうちのわずかである。三世紀ごろから開掘が始まり一〇世紀まで造営が続いたという。ここもトルファンの仏教遺跡と同様、列強探検隊に洗いざらい持っていかれ、荒廃が激しいが、壁画はかなり残っている。

仏教美術において、飛天は主尊の如来を讃えて虚空を飛びながら合掌し、あるいは散華《さんげ》(花を撒き散らすこと)あるいは奏楽によって供養する姿で表される。飛翔の方式は大別すると二種類あって、一つは鳥類のように翼をはばたいて飛ぶもの、もう一つは天衣をひるがえしながら飛ぶものである。クチャの仏教遺跡には、男性飛天、女性飛天、楽天像、飛天童子、菩薩形飛天、天女風な飛天など独自の西域風の飛天が数多く姿が描かれている。

キジル千仏洞の石窟に残る涅槃図には美しい飛天が奏楽や散華している画が描かれている。また、スバシ故城のトンネル状の廊下には琵琶、ハープ、笛、華盤などを持った飛天が飛びかい、奏楽し、散華している姿が数多く見られる。

「クズルガハ千仏洞」はクチャの西一〇キロの沙漠の中にあるが、荒廃が目立つ。千仏洞に至る途中の高台に凝然として立つのが「クズルガハ烽火台」である。高さ一五メートル。漢の時代、匈奴対策のため、クチャには「西域都護府」が置かれ、このような烽火台がいくつも建設されていたのである。

クズルガハ烽火台については、地元に有名な伝説が残されている。

昔、クチャの国王に非常に美しい娘がいたという。ある日、西方から来た一人の占い師に娘の行く末を占ってもらったところ、彼女には「一〇〇日の災い」がかかっていて、やがてサソリに刺されて死ぬであろう、ということであった。そこで国王は、街から一〇キロも離れたクズルガハのこの地に塔のある宮殿を造り、姫をかくまった。毎日のように、食事を運び、九九日が過ぎた。そして最後の日のことである。いつものように食事を届けさせたが、その日は、果物籠に娘の好きなりんごも入れた。ところが、その籠の中に一匹のサソリが潜んでいたのである。そうとも知らずに、りんごを取ろうとした姫は、サソリに刺され一命を落とす。嘆き悲しんだ国王は、土塔の下に身を投げ出し、嘆き悲しんだという。

しかし、この土塔は軍事目的のための見張り台で、合図の狼煙を上げるためには本当に狼の糞が使われたという。土塔も周囲の荒野もただ荒涼としているのみである。

## 音楽の都クチャ

### クチャの舞踊歌曲「クチャ・セナム」

いま、このクチャ地方で最も人気がある「セナム」とは、美しい娘の名前で一五世紀以前から伝えられている歌曲である。

高く青い山並みの果て
白銀は山頂に輝く
喜びにあふれた愛は、既になく
あなたは去り、もう、却ってこない
誰もが私を出戻りだと噂する
だけど、私は気にしない
たとえ鞭で八十回打たれようとも
私はあなたのもの
いつまでも、いつまでも

［東京芸術大学に留学中のウイグル人研究者セミ氏の学位論文から訳詩を引用。以下の詩も同じ］

かつての西域には、「美しい娘、セナム」のように激しい愛を表現した歌曲や歌劇が多い。ムカームを演奏する人には年配の方が多いが、その歌の内容はほとんどが、愛や恋や遠く離れた恋人よ、などというものである。しわくちゃのおじいさんたちがこうした歌をうたうのもなかなかいい。

「月のように美しい女《ひと》」

月のように美しい女よ
あなたの腰は、柳のように細い
あなたの紅をつけた笑顔は
りんごのよう
月のように美しき女よ
あなたは恋人を待っている
その心は
炎のように燃えている
月のように美しき女よ
バラの花を見ない鳥は
春の美しさを知らない

あなたは、夜空に輝く月のよう
胸に光る宝石は
雲間に輝く星のよう

「メシュレプ」

二〇〇年程前、ウイグルの詩人メシュレプは多くの詩を残した。豊作の歌は、それ以前から歌い踊られてきたが、メシュレプの詩が登場すると、ほとんど、彼の詩で歌い踊るようになった。以来、豊作の歌は、詩人の名をとって「メシュレプ」と呼ばれるようになった（ムカームを演奏したり歌い踊ったりする祝いの場も「メシュレプ」と呼ぶ）。

情の秘密なら聞くがよい
別離に悩む恋人たちに
享楽の術なら聞くがよい
幸運をつかんだ人たちに
金持ちや、お偉い方などに
孤独の味など分かりはしない

ああ、流浪者こそが
貧しさの苦労を知っている
友よ、このナワイーは
愛の砂漠に生きている
ナワイーに会いたければ聞くがよい
愛の砂漠からやって来た旅人たちに

## 「婚礼の歌」

右側に花一つ
左側に花一つ
二つの花の真中に
ひばりが喜び言祝《ことほ》ぐ
村中が喜びにあふれ
人びとは心楽しく
今日は花嫁を迎える日だ
さあ　大声で歌おう　婚礼の歌を

人びとは歌い、また踊る
婚礼のメシュレプは楽しみの海だ
ダップを叩け
ラワールの絃を爪弾け
心をかき鳴らすように

古代の亀茲音楽に使われた楽器は既にこのオアシスには存在していない。しかし、クチャ人の歌と踊りに寄せる愛着は、昔も今も変わっていない。

## ウイグル十二ムカーム

「ムカーム」は、古代ウイグル・クチャートハル語のmaka-yame（マカヤーム。別名チュンナグマ）という語が変化したものである。ウイグル語の「ムカーム」（muqam）はアラビア語の程度や場所を表すmeqam（ムカーム）と同音で、「偉大なる歌舞音楽」を指す。

昔から「ウイグルの女の子は歩けるようになると踊りだし、男の子はしゃべれるようになると歌いだす」といわれているように、ウイグル族の人々の生活から歌と踊りは切り離すことができない。

こうして古くから天山南北各地に広く伝わったウイグル民族音楽のムカームが、一六世紀前半、ヤルカンドの王妃であったアマンニサ・ハーン（一五二六〜一五六〇年）によって採集・編集・創作された。これが「十二ムカーム」である。「十二ムカーム」は一二の組曲として、多様な様式、生き生きとしたリズム、豊富な曲調を持ち、伴奏楽器としてはサタール、タンブル、ドゥタール、ラワップ、ギジェツキ、ダップなどが使われるようになった。これはウイグル古典文学、民俗音楽そして舞踊を組み合わせた一種の総合的な舞台芸術ともいえるものである。

ムカームを録音して保存するという活動は一九五〇年に始まったが、この仕事にトゥルディー・アーフン・アーカー（一八七一〜一九五九年）などの最も有名なムカームの師が加わった。彼らの力によって、この作業は後継者に引き継がれていった。

ムカームは二四七七行の詞、二四〇の旋律を持っていたとされており、四〇年にわたるたゆまぬ研究・整理が行なわれた結果、集められた詞は三〇〇〇行、旋律は三二〇に達した。ムカームの題名と構成は次の通りである。

1　ラク
2　チャビヤート
3　ムシャビラク
4　チャリガー

5　ペンジガー
6　オズハル
7　アジャム
8　オシャク
9　バーヤト
10　ナワー
11　スイガー
12　イラク
13　アビチャシマ

二〇〇一年に一項目が加わってウイグル十二ムカームが一三項目になった。各ムカームは、チョン・ナグマ、ダスタン、メシュレプという三つの大きな部分から成り立っている。

二番目のチャビヤート・ムカームは「偉大なる神、全能なる神」という意味で、二五六詞と二六旋律からなる。このムカームは、一九八六年に北京で開催された第四回中国音楽大会、一九八八年の第四回南北音楽大会で演奏され、高い評価を得た。一九八七年にはロンドンで開かれた国際伝統音楽祭にも参加し、エリザベス女王ホールで演奏されて絶賛を博した。英国の新聞・雑誌・ラジオ・テレビは「ウイグル十二ムカームは世界音楽の宝庫である」と評価を与えた。英国以外にも、香港、パキスタン、ドイツ、スイス、オランダ、イランなどの国々で演奏されている。

そして、二〇〇五年一一月二五日、「ウイグル十二ムカーム」がユネスコの世界文化遺産に登録されることが決定した。これは自然遺産・文化遺産を含めて新疆地区では初めての出来事である。

ちなみに、中国にはユネスコに登録されている世界遺産（文化遺産、自然遺産、複合遺産）が二九ある。そのうち、民族自治地域（いわゆる少数民族が集住している地域）にある文化遺産はチベット・ラサのポタラ宮と麗江古城の二つ、自然遺産は九寨溝、黄龍風景区、三江並流の三つ。このほかに納西《ナシ》族の東巴《トンパ》古籍文献が「世界記憶遺産リスト」に登録されている。しかし新疆には、これほど多くの歴史遺産があるのに、この十二ムカーム以外には世界遺産に登録されているものはない。

## 歴史を語ることはタブー

新疆ではどこの町に行っても、どこの博物館に行っても、その町の民族の歴史や故事来歴を説明するパンフレット類がきわめて少ない。あってもせいぜい観光ポイントの入場券の裏に書いてあるか、あるいは粗末な紹介文程度である。政府・文物管理局が作ったパンフレット類はあるが、一様に漢族＝中華思想の歴史観に貫かれて作成されており、歴史的事実と違うものが多く、シルクロードの歴史を研究する上ではあまり参考にならない。それでも一定の目安にはなるが、それさえも目にすることは少ない。

クチャの千仏洞で漢人の女性ガイドが日本人の教師たちのツアーに、驚くべき説明をしていたことがある。曰く「クチャのクズルガハ烽火台は、地球上で唯一、宇宙から見える建造物である万里の長城の最も西のはずれにあるものです」。

なぜこのような誰でもがわかるウソをいうのだろうか。数年後訪問した時も同じことをいうガイドがいたので、改めて質問すると、「万里の長城のような役割と機能を果たしていた、といいたかったのです」と、見事な言い訳をしてくれた。おそらく、ガイドのマニュアルにあるのだろう。

中国とりわけ新疆では、いわゆる「歴史問題」を語るのはタブーのようである。ほとんどすべてのウイグル人が新疆の地で生きていく術の一つとして、歴史問題と政府批判につながることはけっして口にしない。みな党から嫌疑がかかるのをおそれているのである。

一一月のある日の午後、ホータン近郊の県へ行って県政府の幹部と会った。しかし、彼が私に会った瞬間に発した言葉は「ここの人口はインターネットを見ていただければわかります」という木で鼻をくくったようなものだった。県政府幹部の彼が本当の人口を知らないわけがない。しかし、この新疆の最果ての小さな集落でさえも国家機密に値する街なのかもしれない。県政府の幹部である彼の出世にさしさわるといけないので、それ以上聞くことをあきらめた。彼にとってはやむをえないことなのだろう。

「せめて食事でも」という彼の、その気のない儀礼的な「招待」を振り切って、ホータン市に戻った。

## アクスの歴史

アクスはタリム盆地西北部のオアシスである。東はクチャ、西はカシュガルに接し、北は天山を越えてイシック・クル（クルは湖のこと）に、南はホータン河に沿ってホータン（和田）市に達する要衝である。古く姑墨《こぼく》国・跋禄迦《ばつろくか》国などと呼ばれ、都城は南城または撥換《はっかん》城と呼ばれた。『漢書《かんじょ》』西域伝には、この国のことが次のように述べられている。

姑墨国は、王が南城に治《みやこ》し、長安を去ること八千百五十里。戸数三千五百、人口二万四千五百、勝兵が四千五百人いた。……東は都護の治所まで二千二十一里、南は于闐《うてん》まで馬で十五日の行程、北は烏孫と接する。銅・鉄・雌黄《しおう》（鉱物）を産出する。

当時の鄯善《ぜんぜん》（楼蘭）国でも人口一万四〇〇〇人余だったので、相当大きい国だったことがわかる。七世紀はじめにここを通った玄奘三蔵は、『大唐西域記』の中でこの国を跋禄迦国と呼び、「東西六百余里、南北三百四里ある。国の大都城は周囲五、六里である。産物・気候・人情・風俗・文字の法則は屈支国（クチャ）と同じであるが、言語は少しく異なっている。細糸の毛氈《もうせん》・細糸の毛織物は隣国に重んぜられている。伽藍は数十カ所、僧徒は千余人おり、小乗の説一切有部を学習している」と書いている。

六四八年、唐が西域を平定してクチャ、ホータン、カシュガル、カラシャハールに安西四鎮を設けると、この地に姑墨州を置いた。そして六五七年、蘇定方、粛嗣業らを派遣して西突厥の阿史那賀魯（イシュバルカガン）の軍を破り、六七九年にはスイアブ（アク・ベシム遺跡。クルグズの東）に破葉城を築いて、ここを安西四鎮の一つとした。

これ以降、トルコ系民族やチベット軍の攻撃によりしばしば動揺するが、だいたい八世紀の中ごろまでは、クチャ、アクスから天山を越えて破葉城に至り、そこから西にタラス河流域を経てタシケント、サマルカンドに至る交易路は、唐のゆるやかな支配下にあった。そして、サマルカンドのソグド人は、この道を通って唐と通商した。しかし七五一年、タラス河の戦いで唐がアラブ軍に破れてからは、唐は全面的にこの地方から撤退した。

## 現在のアクス

現在のアクス（阿克蘇・温宿）は、天山山脈の南麓に広がる大オアシスと、その中心都市の名前であるが、その漢字表現は少し複雑である。このオアシスには、アクス市と温宿県が南北に隣接して存在している。「温宿」の名は、『漢書』西域伝には「姑墨」の次に載っているが、これは現在のオンス・オアシスにあたる。「姑墨」は中世にはアクス（トルコ語で白い水）と呼ばれるようになり、中部天山の遊牧民との関係を深めて繁栄するようになった。とりわけモンゴル帝国の四ハン国の一つチャガタイ・ハン国の時代には、タクラマカン沙漠に点在する諸オアシスと遊牧の本拠地イリ地方とを結ぶ交通の要地として繁栄し、その直轄領となった。

一八世紀の清朝支配の時代、旧アクスの南に駐屯する官兵のための新城が築かれ、これを「阿克蘇」と呼び、旧城は古名を用いて温宿と命名した。これが現在にまでつながっているわけである。

この時代のアクス・オアシスは、政治・経済の中心が西部のカシュガル地区に移ったこともあって、さびれた地域であった。ところが近年になって、アクスは西北大開拓の中心都市の一つとなり、市内には高層ビルが多数建築されて、近代都市に一変した。ウルムチからは特急バスや鉄道の便があり、飛行機も二〜三種類が利用できる。

新アクスには見るべきものはないが、旧アクス（温宿）の東に広がるウイグル族の大墓地や、北にそびえる天山の雪山などは一見の価値はある。西へカシュガル行きの公路を五〇キロほど行くとアイキュル村のジャマール・アッディーン廟、南の沙漠を縦断すること一〇〇キロほどで出会うタリム河など興味深い。が、無理をして行くまでのこともない。

## 貧困きわまる南疆の村

クチャから東へ七八キロのシャヤ(沙雅)県のある未開放の村へ入る。貧困極まりない村だった。道端の七八歳の老人に話を聞く。

「わしはここで生まれてここで育って、ほかの土地のことは知らない。農村の生まれで家族は息子三人、娘二人。孫は一人いたが死んでしまった」と寂しそうに話す。「シャヤのいいところなんてなんにもない。歳をとったから大変だけど、政府の誰も何も話を聞いてくれないし、助けてもくれない。夢も希望もない」というのみである。

新疆ではどこでもみな例外なく、「私のいるこの街から世界の文明が始まった」とか、「ここのサモサは新疆で一番おいしい」、「ヤルカンドの鳩のカワップ(串焼き)は新疆で一番おいしい」などと、わが街わが村が新疆一、中国一、世界一と自慢するのが通例なので、自分の生まれた街を自慢しないで「シャヤのいいところなんてなんにもない」という言葉は衝撃的だった。

話を聞いている最中、この集落がまだ外国人に開放されていないので、初めて外国人を見るのだろう、ガヤガヤと人だかりがしてきた。いつもお礼として写すポラロイド写真をくだんの老人にプレゼントすると、まわりの人たちがかわるがわる奪い合うようにして見る。老人は初めて大きな声を出して写真を取り返し、それ以降は誰かが見せてくれといっても、写真を握りしめ、口をへの字に曲げて見せようとしなかった。

話が終わってさらに道を歩いていると、先ほどから私たちの会話をじっと聞いていた六三歳になるという老人が追いかけてきた。

立ち止まって話を聞く。もっと田舎の農村から自転車で二時間かけて出てきたのだという。私より二歳年上なのだが、極度の乾燥と照りつける酷暑、冬の極寒と風雨にさらされて刻みつけられた皺は、どう見ても七〇歳を超えているようにしか見えない。

「私は生まれてから一回も学校に行ったことがないので漢語もわからない。息子が七人いる。一人は四川の大学に行っている。今まで政府から学費などの援助を一回も受けたことがない。借金して生活が苦しいから、いまから政府にお願いしに行くところだ。兄弟もみな生活が大変だ。あんたは外国から来たようだが、外国というところはどんなところなのかねえ。ここよりはいいところに違いないんだろうね。何も知らないでこの年まで来たからわからないけれど、もう夢も希望もない。なんでこんなシャヤなんていう貧しいところに生まれたんだろう。どうしてウルムチや上海や北京で生まれなかったんだろう」

通訳しているオスマンも哀しそうな顔をしている。私も何も言えなかった。「なんでこんなシャヤなんていう貧しいところで生まれたんだろう」この言葉が静かにボディブローのように響いて、次第に憂鬱な気持ちにさせていく。

## 果てしなき貧困

深夜、ある漆黒の村に入る。道には街灯も店の灯りも何もない。家も樹木も何もかもがタクラマカン沙漠の砂に埋もれているような集落だ。日干しレンガの家もほとんどが砂に埋もれているようにみえる。

ここに来る途中でも「貧しい村」の代名詞のようにいわれていたこの村で、私を待っていてくれたのは県の幹部Aさんである。彼は息子と二人で街灯も家の光も見えない漆黒の村で私たちの車を探し出してくれた。あの暗闇でよくわかったものだと感心するが、狭い村なのと辺りが真っ暗なので私の乗った車のライトがかえって目立ったのだ。

アルコール抜きだが、心のこもったおもてなしを受けてから、彼や彼の家族、兄弟たちと夜更けまで話しこむ。だいたい、敬虔なムスリムは酒など口にしないのだから、アルコールを期待するのが間違いである。たとえ飲もうということになっても、コンビニなどはないのだからムリなのである。

この村の人口は約四万人。中国でも最も貧しい村の一つであり、新疆でも最も貧しく、一番小さな県だということで有名である。だから、沿海部の省や都市の政府などが、この村の人びとの生活がよくなるまで援助することになっているという。中国には、このように「新疆やチベットのどこそこの村は内地のどこそこの省や市・県が援助する」という制度がある。これはとても良いシステムである。

ところで、この村はなぜこのように貧しいのか。まず場所が悪い。カシュガル方面に向かう天山南路から西へ外れて二〇キロくらいのところにあるので交通の便がよくない。オアシスが小さいので水が少ない。農地も少なく、気候が特別に乾燥している。農業もまだ機械化されていない。

以下は、Aさんの話である。

ここにはウイグル人、クルグズ（キルギス）人、回族、漢人がおり、クルグズにも近い。村人はすべてムスリムであり、とても宗教心が強く、伝統を大切にする。

昔はさまざまな兄弟民族がいたと考えられるが、それらはのちにすべてウイグル人と呼ばれるようになった。

イスラームがこの村の文化の中心で、みながウイグル式の服を着る。男はみな帽子をかぶる。女性はスカーフや女性用の帽子をかぶり、ズボンの上にスカートやワンピースを着る。他の地域では、女性は漢人の着方と同じようにズボンと上着を着るし、お尻や胸をはっきり見せる。この村の女性がズボンの上にスカートやワンピースを着るということは、お尻を隠すためであり、特に男性を刺激するようなところを隠すようにするためである。最近、イスラームに関する良い政策ができた。村人はそれに基づいてイスラームの伝統的な習慣を守りながら生活している。この村の人たちは客が大好きで大歓迎するし、客を自分の家族のようにもてなす。このように、イスラームの教えをとても大切にする。

ここの人たちがイスラームに改宗する前のことはよくわからないが、昔の言葉がたくさん残っている。特別な方言を持ち、発音も他の地域と違う。ウイグル語の標準語とも文法や発音の違いがある。昔の古い言葉がたくさん残っている。それらはこの村の人たちしか理解できない。敬語の使い方も標準語とは違う。

一〇年前、自治区文字改革局の言語学者たちが調査に来た。一週間ほど言語調査をした結果、ここの方言の中には古代ウイグル語がたくさん残っているということが判明し、ホータンのグマ（皮山）県の言葉によく似ているといわれた。

一九九八年まで大学の進学率は高かった。当時は大学を卒業すると政府が勤め先を探してくれた。だから仕事を見つけるのはそれほど難しくはなかった。一九九八年以降、政府がその政策をやめたので、大学を卒業してもなかなか仕事を見つけることができなくなった。卒業してから仕事は自分で見つけるようになったので、競争社会になったが、自分の努力だけではいい仕事を見つけることができない。それで小学校五～六年生の子どもたちに学校をやめさせる親が出てきたし、中学や高校で勉強をしている子どもたちも学校をやめるようになってきた。

最新の情報によれば、この村では学校をやめる率が四五％になっている。九年制の義務教育が実施されてから中学を卒業するまで続けるしかなくなったが、大学進学率が低くなった。四～五万元も使って大学に進学したとしても、卒業してからいい仕事が見つからないのであれば、学校に行かないで商売やほかの仕事をして、ここ以外のところで生活したいと思うものが多くなった。

実際、この村はきわめて貧しいところなので、みんな教育をとても大切にし、よく勉強してきた。村人は非常に勤勉であり、高校を卒業してから大学に入学して仕事を持ちたい、幹部になりたいという意識はほかの地域より高い。外で商売をしたり、仕事している人や勉強をしている人が現在の人口と同じくらいいるし、勉強をすることによってこのような貧しいところから飛び出そうと考える人も多い。とにかく自立したい人はより努力をしてみんな外に行ってしまう。しかし、さまざまな事情で思い通りにならなくなり、外にも行けない人も多い。それで学校をやめて、早く自分の生きる道を見つけたい、探したいと思うようになってきた。このような状況はとてもよくないことである。

この地域の人の習慣もほかの地域と同じである。特にイスラームの教えを大切にし、ウイグルの伝統的な習慣に則って生活してきている。一九七八年からの改革開放政策以来、一部の女性はほかの地域の女性たちと同じように、ズボンをはかないでスカートやワンピースを着るようになってきた。しかし、それはごく一部で、公務員や政府機関で仕事をしている女性たちだ。多くの女性はまだ昔の姿のままである。

いま、この村には九〇〇人ぐらいの漢人がいる。彼らがこのような貧しいところに来るのは、政府機関の仕事をするためである。漢人は農業をしない。ほとんどが政府や機関の仕事に就いている。その人たちもここに長くはいない。

さらにAさんの兄で、村の元公安（警察のこと）局長だった人や、これも彼の兄の現役の校長先生など親類縁者も集まってきた。深夜までいろいろな話を聞く。彼のお兄さんの校長先生から学校の話も聞いた。

夜明け前、小用を催して眼が覚めた。ウイグル人の部屋なので高い天井、裸電球一つ。電気をつけたら運転をするオスマンが起きてしまう。我慢していたら、そのうち隣の部屋から奥さんが炊事の準備で動きだす音が聞こえ出したので、ソッと起きだした。外へ出たが、どこがトイレだかわからない。まさか庭先ではできない。そういえばどこの家でもトイレを教えてくれたことはない。いつも「小さいのはそこらでやって」と合図される。それはおそらく、外国人に提供するに堪えないトイレだからであろう。新疆各地に行くとだいたいホテルに泊まるが、その際に訪れた人たちは、ほとんど例外なく私の部屋のトイレを使う。

朝食後、またまた懇談になった。

「中国にいる日本人が悪いことをして迷惑をかけていますが、日本にいる中国人も悪いことをしているのを知っていますか?」と聞いてみた。

「知っていますが、私は幹部だから、政府にいえないこともあります。しかし、そんなことより、『こんな貧乏なところで生まれても何もできない。なんでこんな貧乏なところで生まれたんだろう』という人もいます。お金がないので何も解決できません。個人個人というより、ウイグル人の伝統と習慣がなくなろうとしているのです。野口先生だからいいますが、やがて新疆ではウイグル語やイスラームの習慣がなくなってしまうかもしれません。私も『ひげを剃って仕事をしろ』といわれて剃りました。また『党員はお祈りをしてはいけない、イスラームを信じてはいけない』ともいわれています」

もと公安局長（警察署長）だった彼の義兄は六一歳だが、見た目では七〇歳に見える。彼も「昔、軍隊や公安局（警察署）に勤めていた時、家に帰ってくると罪滅ぼしに必死になってクルアーンを読み、神様にお祈りをしましたよ」という。

「これまでの人生は幸せでしたか?」

「毎日みんなと同じようなことをしており、その繰り返しです。やりたいことはいろいろあるが、金がないから何もできません。なんでこんな貧乏なところに生まれたのでしょう。年金を毎月一五〇〇元もらっているので生活は何とかやっていけますが…。文革のことは軍にいたので何もわかりませんでした」

「なんでこんな貧乏なところで生まれたんだろう」という言葉は、この新疆の農村地域では共通の用語になっているようだ。

## 年収が五〇〇元‼

昨夜Aさんと話した時、ここの農民の平均年収は約一〇〇〇元（約一万五〇〇〇円）だと聞いて驚いた。だが、深夜までいろいろなことを話し合い、翌日再び顔を合わせた時、彼はこう訂正した。

「きのう野口先生と話し合っていて信頼できる方だと思いましたので、本当のことをいいます。農民の年収が一〇〇〇元というのは政府の公式発表で、農民の平均年収は正しくは五〇〇元です」

五〇〇元というのは日本円で七五〇〇円程度。月収ではなく、年収である。私を信頼してくれ、真実を話してくれたという嬉しさより、その数字に圧倒された。これでは何もできない。貨幣価値が違うといっても、月約四〇元（六〇〇円）である。これでは本当に何もできない。絶望があるのみであろう。ほかの貧しい村と同様、ここの住民にとって、ウルムチも北京も日本も世界も、テレビでしか見ることのできない夢の世界の話なのである。だが年収五〇〇元だとすれば、当然、テレビを買うこともできないであろう。

皮肉にも翌日の夜、カシュガルで見たホテルのテレビでは、月給が一万元という上海のキャリアウーマンの成功談が映し出されていた。

帰国後の知人の話では「上海の女性の平均給料は六〇〇〇〜七〇〇〇元程度ですが、新疆では年収がゼロという土地もありますよ」ということだった。さらに、私はお会いしたことはないのだが、義務教育問題で系統的な調査をした北海道大学大学院のウイグル人研究者、マイラ・メメティさん

（現在は米国で研究留学中）は「私の調査した南疆の農民の平均年収は六〇〇元でした」と発表している。いったい、この低収入はどのような農業構造から来ているのだろう。

## 沙漠の子ども

Aさんから次男坊の日本留学の面倒を頼まれた。彼は「書」のコンクールで中国のナンバー2になったという。私は中学三年生になるという次男坊に「日本留学は、君自身がウイグル人としての伝統と習慣を守りながらしっかり勉強して、高校・大学を卒業し、日本語を勉強してから考えなさい。私もできることは応援しますよ」と話した。私に初めから経済的な面も含めて援助をお願いするというハラは読めているので、先手を打ったのである。

帰り際、Aさんは私を村で一つしかない中学校に案内してくれた。今回はもう党の政策しか話さない教師ばかりの教務室には行きたくなかった。生徒たちに接したかった。学校内に入ると、校舎の二階のバルコニーに出ていた生徒たちがニコニコして私を見つめていたので、ニッコリして手を振ると、みんなとてもいい笑顔で手を振ってくれる。その中には高校生の長男坊がいた。

そのあと一つの教室に案内された。キラキラと瞳の輝いている中学生たちが机に座っていたので、ウイグル語で「みなさん、こんにちは」と大きな声でいうと、誰の指示もないのにみないっせいに立ち上がって「こんにちは！」と大きな声で答える。ビックリした。お客さんを大切にするという民族の伝統が見事に生きていると思われた。大きな声で、半分ウイグル語、最後は中国語で「私は日本からウイグル人のみなさんの勉強に来ました。皆さんに会えて嬉しいです。ありがとう」と簡単にメッセージを伝えると、またもやいっせいに声を合わせて「ありがとうございました」という。嬉しかった。起立している生徒の後ろのほうに、あの背の高い次男坊の息子の姿があった。

Ａさんの家に戻った。やがて出発の時間が近づいたので立ち上がろうとすると、「野口先生の旅路の無事と仕事の成功のために羊を食べていってください」といわれる。朝食も腹いっぱい食べたし、もう時間がないからというと、「いけません。食べていってください。もし羊をつぶして赤い血が出れば、旅の無事が約束されるのです」。羊をつぶして白い血が出るわけがないではないか。赤い血が出るのは当たり前である。

「食べてくれないなら、私は野口先生やオスマンと友達になれなくなるから、食べなくてはだめです」と、まるで脅迫である。「朝食を頂いたばかりですし、もうこれ以上食べられないので、私のために羊を一頭殺すのはもったいないから…」といっても、「これはウイグルの習慣ですから、だめです」と聞いてもらえない。

苦しい思いをしながら、おいしい羊を食べた。このように新疆各地では毎日、数万頭の羊が人びとの胃袋に入っていくのであろう。そして、私の体重も確実に増えていくのである。だが、この人たちが私を歓迎する気持ちはよく理解できた。心から感謝したい。

# 第6章　西域南道・北道の結節点・カシュガル

カシュガルの職人街のモスク

職人街の楽器屋さん

職人街の金具屋さん

カシュガル民族歌舞劇団のナンバーワン女優。あまりの美しさにカメラを向けるのも恥ずかしかった。

劇団の進級試験に備えて練習に励む団員たち

割礼の宴で踊るカシュガル民族歌舞劇団のベテラン女優

ムハンマド・カシュガリー記念廟でラグメンを作っている女性たち

エイティガル・モスクの礼拝呼びかけ用のやぐら。今はスピーカーで呼びかけている。

ヤルカンドの旧王城内部

ヤルカンドの市街地に残された王族の墓

カラコルム・ハイウェー

## カシュガルに至らずして…

シルクロードのルートを改めて確認しよう。

一つは長安からモンゴル高原を通って草原を行く草原路――いわゆる「ステップルート」である。ほぼ北緯五〇度あたりを東西に走るこのルートは「天山北路」と呼ばれている。かつてはシルクロードで最もオーソドックスな交易路であり、スキタイ・サカや匈奴、突厥、そしてチンギス・ハーンが、この草原の道を疾駆した。

二つ目は、「天山南路」である。天山山脈南麓や中央ユーラシアのオアシスを結んで、ほぼ北緯四〇度近辺を東西に走るこのルートは、日本人の間では最もポピュラーだ。

「天山南路」は、黄河中流域の中華文明の中心をなす中原の都長安から西に向かい、河西回廊の敦煌から南北二つの道に分かれる。

一つは「西域北道」で、敦煌を出発したあと、楼蘭から西北に進み、トルファン、カラシャハール、コルラ、クチャ、アクスを経てカシュガルに至る。

もう一つは「西域南道」で、敦煌からロプ・ノール付近のオアシス、ミーラン、ニヤ、カラドーン、ホータン、ヤルカンドを経て、カシュガルで「西域北道」に合流する。

そして、三つ目が「海のシルクロード」である。このルートは、紅海あるいはペルシア湾からインド洋を横断し、東南アジアを経由して中国に至る海のルート、「南海路」である。

このように敦煌で分かれた「西域北道」と「西域南道」はともにタリム盆地を横断し、カシュガルで合流する。

カシュガル地区とは、タリム盆地西南隅、パミール高原の東麓に広がるオアシス地帯で、カシュガル、トゥムシュク、マラルバシ、ヤルカンド、タシュクルガンなどの都市が含まれる。ウイグル人は「新疆に至らずして中国の広さは知れず、南疆に至らずして本当の新疆はわからず、カシュガルに至らずして南疆の奇異もわからず」という。

この地には、紀元前二世紀の古くから、漢語で「疏勒《そろく》」と記されるオアシス国家が存在していた。当時の住人はインド系の言葉を使うコーカソイド（白人種）であったと考えられているが、容易に結論は下せない。確実な調査の報告はまだである。のちに、この地の人々が仏教を信仰したことは、現在のカシュガル北郊の三仙洞遺跡や、東の郊外の沙漠に残るモール仏塔などから明らかである。

現在のカシュガル市は、一六世紀にモンゴルのチャガタイ・ハンの子孫が築いた都城を中心に発達した都市である。一八世紀に清朝がタリム盆地を支配するようになると、その行政・軍事の拠点が旧城の西南に置かれた。カシュガル中心部の東北の台地で最も高いところが旧城の跡で、人民政府の建物のあるところが清代の新城である。

カシュガル地区は一一の県とカシュガル市から成り立っている。人口は三六〇万人で都市部は二五万人。そのうち七〇%が漢民族以外の民族である。

## カシュガルの歴史

タクラマカン沙漠周縁をめぐる車の旅は飽きることがない。実際には、いくらじっと目を凝らしていても、何時間も同じような光景が続くのだが、ふだんはあまり使いたくない「感動」という言葉が、実感として湧いてくる。車窓からの単調な光景は三〇〇〇年の昔と今も変わらない。一〇〇年前ほど前にも、ヘディン、スタインや大谷探検隊などがラクダを引いて歩いた。その光景の中に、二一世紀のこの瞬間に私が存在していることが、たまらなく刺激的なのだ。

クチャからオスマンの車で走ること一日半、タクラマカン沙漠の西の果て、カシュガルに着いた。ここではまず、歴史学者のUさんに会い、カシュガルの歴史と名称の由来を聞いた。

古代トルコ系の遊牧民は水や草原に沿って東に移住しはじめた。ウイグル人は九部族あるいは一〇部族に分かれていたといういい伝えがある。彼らはトゥマン川に沿って定住した。九部族あるいは一〇部族のウイグル人連合が形成される過程はいくつかの史書に書かれているが、そのうちの一つの説では、古代のウイグル民族は紀元前一世紀ごろ、二つに分かれてそれぞれ汗《ハン》国を形成した。その中の一つは「一〇姓ウイグル」で一〇本の川の流域に住んでいた。もう一つは「九姓ウイグル」で九本の川の流域に住んでいた。はじめ、彼らは一つの王国に属していたが、その後分裂し、二人の王を生み出したという。

しかし、考えてみると、紀元前一世紀に「ウイグル」という呼称はなかった。ウイグルという呼称が使われるようになったのは、七～八世紀前後である。私は「古代トルコ系民族」という表現を使いたいが、より包括的に表現すれば、「タクラマカン人」という呼称が最もふさわしいと思える。これがアルグズリさんとの研究・検討の結論である。が、ここでは便宜上、前記の歴史学者の表現を用いる。

カシュガルという名称は、その人たちがここに定住してから生まれたものである。当初、この地は「カシュ・キリ」と呼ばれていた。カシュは「岸、堤のそば」、キリは「へり、淵、畔、筋」という意味である。「カシュ・キリ」が時代によって発音が少しずつ変化していき、現在の「カシュガル」になったのである。

ウイグル人はカシュガルに定住してから二つの文化を作っていった。一つは沙漠文化の中に遊牧文化・農村文化が包含されているもの、もう一つはオアシス文化にハン（汗）国文化（いわば王族とその重臣たちの文化）と都市文化が包含されているものである。

やがてウイグル人は次第に発展して、それぞれのハン国を作り始めた。そのハン国はまわりの小さなハン国を征服しながら大きなウイグル・ハン国を作った。本格的なウイグル・ハン国は五五〇年に形成され、東のウチュトルパンまで広がった。当時のハン国の王はスルタン・ストゥク・ブグラハンだった。彼はウイグル・ハン国を作ってから仏教を信仰しはじめた。

ウイグル人は数百年にわたって仏教を信仰した。その頃、中原の漢人が西域に来て、仏教を持ち帰って広げていった。トルファン・ウイグル・ハン国は、この仏教時代の象徴的存在であった。トルファンには仏教遺跡がたくさん残されているが、カシュガルにはモル・ブッダ遺跡があり、現在は観光地として知られている。

一〇世紀以降、ウイグル人はカラハン王朝のスルタン・ストゥク・ブグラハンの指導でイスラームに改宗し始めた。「スルタン」は王、「ストゥク」は古代ウイグル人の一つの姓、「ブグラ」は力持ち、ラクダのように強いという意味である。「ハン」はモンゴル、トルコなど北方遊牧民族の君主の称号で、漢語では汗、可汗と表記される。後代には統治者や重要な人物の尊称としても使用されるようになった。スルタン・ストゥク・ブグラハンは、初めてイスラームを信仰したウイグルの指導者である。彼はまず自分がイスラームを信仰し、それから領民にイスラームを広げた。封建時代だったので、王がひとたび決めれば権力で押し付けることができたのである。

以後、カラハン王朝は次第に強大になり、東は甘粛省、東南は青海省・チベット高原、西はペルシア、イラクなど中央アジアの国々にまで版図を広げた。しかしその後、国内で領主・藩主たちの内戦が起こり、また周囲の各ハン国との戦争のため徐々に分裂が始まっていった。一五世紀になって、サイディア・ハン国はこのような状況を解決し、新たなウイグル・ハン国を作った。

ウイグル人が仏教を捨てて、イスラームを受け入れたのには、二つの理由がある。一つは、ウイグル人は新しいものを受け入れる特性を持った民族であったこと。もう一つは、イスラームが仏教より先進的な宗教であると思ったことである。

カシュガルでは一〇世紀に最初のイスラームの学校が作られた。「文化大革命」の時に破壊されたが、今は新しい建物ができた。ムハンマド・カシュガリーやユスフ・ハジ・ハジフといった有名な学者たちもこの学校で勉強した。

ムハンマド・カシュガリーは当時、西域の各集落の人びとが使っていた言語を統一した『トルコ語大辞典』を作った人で、今でもすべてのトルコ系民族から尊敬を受けている。

ユスフ・ハジ・ハジフは人間としての生きる道を示す大典『幸福の智慧』を著した（一〇三ページ参照）。ユスフ・ハジ・ハジフの著作は、現在に至るまで広くヨーロッパから中央アジアまで読まれており、既に中国、新疆とヨーロッパ各国で国際シンポジウムが何回も開催されているが、日本ではその名前さえ知られていない。彼の著作が、日本で翻訳されて出版されることを期待している。

## 憧れのエイティガル・モスク

カシュガル市内は二〜三年ほど前までは狭くて悪路が多かったが、両脇にはポプラ並木が空に突き抜けるように聳え立っていた。シルクロードらしい光景であった。ところが、そのポプラが知らない間に伐採されていた。カシュガルの住民たちは「あれで、ずいぶん副収入があった役人がいたんだろうね」と話し合っている。おかげで道路は広くきれいになっているのだが、そのかわり、都心部ではポプラ並木の美しい光景が少なくなってしまった。

この日は金曜日のため、オスマンがカシュガルのエイティガル・モスクで礼拝したいと数日前からいっていた。新疆で最も有名なエイティガル・モスクで礼拝を行なうことは、多くのウイグル人の憧れなのである。

オスマンの勧めもあって、多少の罪の意識を持ちながらも、便乗してモスクに入り込み、写真撮影をした。礼拝をするオスマンは宿泊していたホテルでまず沐浴をする。シャワーを浴びて鼻の穴を洗い、歯を磨き、陰部などを洗うとともに、左手でおしりの穴を洗い、心と体を清めてから行くのである。もし、沐浴のあと、礼拝前におならやゲップが出たら、もう一度やり直しだという。ムスリムはみなそうだ。ついでにいえば、ムスリムは服を着たり、脱いだり、靴を履くなどのあらゆる動作は右から始める。なぜなら、左手は大便のあとを指で拭くので不浄の手だからである。だから必ず右手からの動作になる。そのことはクルアーンにも書いてあるという。

厳格なムスリムは礼拝を一日五回行なうが、毎日五回の礼拝を繰り返すとなるとかなりの時間とエネルギーを消費するだろうとつい思ってしまう。しかしそれは非ムスリムの考えであって、そこに執着していては絶対にイスラームの教えを理解することはできない。「大変な」ことなのではなく、アッラーの神と対話するのだから「至福」の時間なのである。だが、現実には、礼拝の様式もだいぶ省略されているようである。

　礼拝中は人の前を通ってはいけないので横から撮る。しかしついにモスクの管理人に発見されて、出ていきなさいと静かに合図されたので、素直に外に出た。やはりアッラーの神との対話の時である礼拝の模様を非ムスリムが撮影することはよくないことだった。

## ウイグル古道と職人街

　ウイグル古道は、カシュガルだけでなく東西トルキスタン全域でも有名な「職人街」の近くにある。日本でいえばさしずめ下町の長屋街であろう。私はこの古道を歩くのが好きだ。古道の両側から道の上にまたがって建物ができているのが特徴である。道が三〜四年前より多少、清潔さが増していた。以前は、悪臭でウイグル人ガイドでさえも逃げ出したほどだったが、現在はだいぶ改善された。清潔になった理由の一つはＳＡＲＳ《サーズ》（漢語で「非典」。新型肺炎）の影響らしい。

　ここで私たち日本人にとっては、衝撃的なことをお話ししよう。ここの各家庭のトイレは最上階か屋上にある。なぜ屋上にあるのか。屋上にトイレがあると、し尿の搬出はどうするのか。だれもがそういう疑問を抱く。しかし答えを聞けば納得するだろう。なぜなら、きわめて乾燥しきった気候ゆえに、大きなものは小さな粉末になって、天高く舞い上がっていくだけなのだから。

しかし、その後、このウイグル古道もついに陥落した。北京の「中坤公司」という新興企業が、シルクロード各地の観光地の土地を買いあさっており、ウイグル古道の一部の土地も買い占めて、入り口にゲートを作り、入場料を徴収するようになってしまった。実に嘆かわしいことである。国際的にもシルクロード観光に新境地を開こうとしている中国政府は、このような状態を是非、食い止めていただきたい。

ともあれ、ウイグル古道や職人街を歩きながら、カシュガルの普通の人の声を聞いた。

## ●羊肉の露天商

「五三歳になる父親も含めて、家族・親戚はみなこの商売をしている。私は小学校五年が終わってからこの仕事をしているから、もう一五年になる。

羊は大きいものは一頭七〇〇～八〇〇元、小さいものは三〇〇～四〇〇元で買う。一日に二〇頭くらい買って、一頭で約一〇～二〇元の利益が出るので一日三〇〇元くらいの儲けになる。税金は二〇〇三年の三月から一頭につき四元に増え、屠殺場で払う。

家族は妻のほかに小学校四年と一年の男の子と五歳の娘がいる。勉強が好きになり、街で元気に遊んでくれればいい。私の仕事はやらせたくない。大学に行って日本に留学してくれれば幸せになるだろう」

## ●ヨーグルト売りの年配の女性四人

この仕事を始めて二年。丼に入った一杯二元のヨーグルトは一日約二〇〜三〇杯ほど売れるという。小さいお茶碗に入れたものは二・五角。二五杯売れたとして五〇元の利益。元手はどれくらいかかるのだろう。中年女性四〜五人が、元気ににこやかに笑って商売をしている。どこの国でもおばさんは強くたくましく、そしてかわいらしい。「税金は払っていない」と、これまた嬉しそうに笑う。ますます好きになってしまう。

## ●三〇〇年以上の歴史を持つ楽器屋

この楽器屋さんは既に五代続いているという。私は職人街に来るたびに必ずこの店に入る。この店の社長の息子に話を聞いた。

「従業員は一二名。上の人の給料は一〇〇〇元以上、下は二〇〇元くらい。楽器作りを学びたいという人は受け入れるだけ受け入れています。昔は楽器作りの技術は家族や子どもにしか教えなかったが、今は時代が違う」

——ここは西トルキスタン（中央アジア）への入り口ですが、パキスタンや外国からも来ますか？

「トルコ、パキスタン、ウズベキスタンやアフガンからも買いに来ますが、最近では北京や上海からウルムチ経由で買い付けに来る業者が多い。各種の専門家や楽器の好きな人が買いに来ます。外国人では日本人も多い」

「年間の純益は一〇万元くらいになる」とも話してくれた。日本では普通、自分の収入や給料は他人に明かさないが、ここでは、収入や給料の額を聞いて話してくれない人は一人もいない。それは、給料制度が公開されており、その等級が明らかだからだろう。でも、私企業の楽器店経営者が純益まで明らかにするとは、日本では考えられないことである。

## ●インギサル出身の刃物商人

小刀やナイフなどは、ウイグル人男性が身につけるものとしては欠かせないものである。インギサルはこの刃物の産地として有名である。エイティガル・モスク近くにできた新しいショッピングセンターの中で刃物を売っていたインギサルの商人に話を聞いた。

まず、「この新しい建物をどう思いますか？」と聞いた。私はシルクロードの雰囲気をそのまま残しているこのエイティガル・モスク周辺が好きだったのだが、最近、沿海部の資本が入り込んできて大工事が施され「美しく」改装されてしまった。その姿に違和感を覚えていたので、聞いてみたのである。

だが彼はなにも答えなかった。シルクロードへの想いなど、彼らにとってはまったく関係のない、我々外国人の独りよがりのノスタルジーなのであろう。そんなことより、現実の、食っていくための商売のほうが重要問題なのである。

一般にウイグル人は「シルクロード」という言葉を余り知らない。だからシルクロードの概念も出てこない。また私が漢語で「絲綢之路」といっても、この単語は発音が難しいからかもしれないが、なかなか理解されない。もっとも、漢人がこの言葉を理解したとしても、それで儲けることができるかどうかということぐらいしか考えないだろう。

カシュガルから七〇キロほど離れたインギサルから来た彼らは、まだこの新しい建物に入って二週間しかたっていないという。そして、家賃は三ヵ月たってから決まるという。契約もしないで入店するなんて、そんなことあるのだろうか。しかし「契約」というのは、近代合理主義のなせるわざ。彼らの生活習慣や日常生活の上では余り必要性を感じないのだろうか。

「もっと大きなバザールがあったから、以前のほうがよかった。商売がうまくいくかどうかわからないけれど、新しいきれいな建物ができたのでここに入ることに決めた」とやっと答えてくれる。

「どれくらい売れればもうかるの?」と聞いた。

「私たちはイスラーム教徒だから、いくら売れるかは神様のお考え次第です。あまりそういうことは考えません」

そうか、彼らには神様という強い味方がいたんだ、とその時、本当に思った。無宗教の私の思考からは、そこが大きく抜け落ちていたのだ。

## 割礼の宴

友人であるカシュガル歌舞劇団の団員N君と同じ団員の息子の割礼の宴に出席した。一二時開会予定と聞いていたが、実際には二時半すぎに開会。いや、本当の開会時間はとうとう最後までわからなかったが、開会時間を気にする者は日本人の私くらいだったろう。

歌舞団のパーティだけあって、現役の男優、女優たちが次々と登場し、舞台の練習のような感じで歌い、踊る。歌舞団のOBやOGたちもかつての現役時代に競った自慢ののどや踊りを披露した。同席していた鼻の高いウズベク族の男性俳優が舞台に上がって歌の合間に漢語で私を紹介する。

「この楽しい席にはるばる日本から友人が出席してくださっています。野口先生の出席は私たちの喜びであり、誇りです」

私はテーブルから立ち上がって、ウイグル式に右手を左胸に当てて参列者に挨拶をした。しかしほとんどの参会者は、私などには目もくれずに、おしゃべりに興じ、酒を飲み、あるいは料理に箸を動かすことに一生懸命である。

私と同じテーブルの男たちは、先ほどまで口角泡を飛ばして語っていた「酒もタバコもやらないイスラームの伝統と習慣」などなんのその、煙もうもう、五〇度の「老酒」を次々とあける。昨日私に厳粛な面持ちでカシュガルの歴史を紹介してくれた歴史学者のUさんも強い酒を飲んでいる。既に強い酒を飲んで足腰が立たなくなって、へたり込んでいる人も見かける。私は以前、このカシュガルで強い酒を飲んで「困ったこと」があったので、用心してビールとワインを飲むことにした。

この宴席ではただ一人の外国人として座っている私のテーブルには、ものめずらしさも加わって数十人が入れ替わり立ち替わりやってきては、私との乾杯を促しては座る。正直に乾杯をしていたら、こちらの身がもたないので、ただにこやかにグラスを上げる。オスマンは若い女性を血眼になって探しては、話しかけている。

だが、私のテーブルにやってくるのはすべて男性である。ムスリムの国では、男性のいるテーブルに女性が来て気軽に話していくということはしない。そういう私は話しかけてくる人たちを無視して、遠慮なく舞台で歌うプロの踊りや歌をカメラに収める。現役の女優さんたちはみんな美しく、かつての女優さんたちもそれなりに人生経験と貫禄が出ていて、美しい。

レストランのテーブルの数は約五〇。経費は一テーブルでおよそ二〇〇元くらいだという。合計で約一万元。無論、親の負担だが、祝宴の最中に司会者が各テーブルをまわって「〇〇さんから幾ら～～！」と声高にお祝いの額や品物をアナウンスする。結婚の宴でも同じシーンを見たことがある。

私は何も持たずに手ぶらで出席してしまったが、黙っていることにした。ここに来ることを誰もいってくれなかったのだから。私も含めて日本人はスケジュールをきっかけ立てないと動けないものだが、ここの人たちは、そういうものにとらわれない。いきなり人の家を訪ねることも普通である。

そういえば、今日の主人公の七歳の男の子はどこにいたんだろう。気がつかなかった。「割礼の宴」といっても、しょせんは大人の楽しみなのだろうから、子どもに気がつかないのも当然といえば当然なのだ。

ところで、このような割礼式や結婚式、赤ちゃんが生まれた時の「ゆりかごの祝い」などは、昔は自宅で行なわれたものだが、都会ではだんだんレストランでやるようになってきているという。経済的な豊かさに恵まれた都会人の中では、互いに見栄を張り、自分を裕福に見せるために、無理して接待を行なう傾向があるのだ。しかし、それでも、一〇年ぐらい前と比較すると、だんだん無駄な浪費は抑えられる傾向にあるという。ここ新疆でも、人々の意識は変わりつつあるようだ。

## 割礼のお祝い

「割礼のお祝い」（スンナット・トイ）は、男の子が五～七歳になった時、多くは冬と春に実施する。ペニスの先端の皮を「割《さ》く」儀式のことである。

この割礼のお祝いは、ある地方では「ハトゥマ・トイ」ともいう。「割礼（スンナット）」は預言者ムハンマドによって命じられた行ないのうちの一つであり、ムスリムとしての指標となっている。したがって、この習慣はイスラームを信仰するすべての人々に共通のものである。

この祝い事には、親戚、近所の人たち、友人たちが招待されて客となる。まず、割礼を施される子どものために新しい布団が準備される。子どもには真新しい衣服を着せ、赤い繻子で作られた帯を結ぶか、あるいは胸に花をつける。

客人へのもてなしの最後に割礼が始まる。しかし、まず割礼を行なってお祝いの宴はその後に催される、あるいは祝い事を催したのち適当な時期に割礼が行なわれるなど、順序は地方によって異なる。

割礼の前、子どもには沐浴である「大津（ダーシン）」、「小津（シャオシン）」をさせる。割礼をする人（スンナット・チ）と子どものおじたちは、子どもの心を落ち着かせるために何かを話す。割礼の時には、おじかあるいはその子どもの近親者が子どもを抱える。

割礼が行なわれた後に切られた部分から血が出ないように、火を通した綿布で切った所を押さえておく。子どもがひどく泣いて血が出ないようにと、子どもの口にゆで卵を詰めておくこともある。その場にいる人々は、子どもを祝福し、お金を握らせる。

「割礼のお祝い」以外にも、ウイグル人社会では「結婚を誓う言葉をかわす儀式」、「結婚のお祝い」、「ゆりかごのお祝い」などの重要な儀式がある。これらの祝賀の儀式には、ウイグル人たちが信仰してきた種々の宗教教義が取り入れられ、さまざまな様式やしきたりとなっている。

## ウイグル人の祭り

ウイグル人の祭りについて学んでおこう。ウイグルには三つの伝統的な祭りがある。

**①ノウルーズ祭り**　ノウルーズ祭りは新しい年を祝うもので、ウイグル、カザフ、クルグズ、ウズベク、タタール、タジクなど、中央アジアにおけるトルコ系民族に共通の伝統的な祭りの一つである。

「ノウルーズ」はペルシア語であるが、ウイグル語では「新しい日、元日」という意味である。旧暦の新年、元旦にあたる春分の日（三月二一日ごろ）に行なう。

ノウルーズ祭りの日には七つまたは九つの材料（小麦、大麦、米、粟、肉、ミルク、水などで、肉がなければ羊の頭、足や内臓）を入れた「ノウルーズ料理」（玉米粥）を作る。この料理は地方によって多少の違いがあり、トルファンでは七つの穀物――大麦、小麦、米、大豆、粟、高粱、プンドゥ（リュクズ）などで作る。

この日は、男も女もみんなが着飾って景色のいい場所に集まり、ノウルーズのための催しを行ない、農業の収穫がたくさんあるようにと祈って新しい年を迎える。日本のお花見と同じであろう。

ノウルーズ祭りがいつから始まったのかについて、明確な記録はない。しかし、いままで伝えられてきた伝説や神話からすると、ウイグル人がイスラーム化する前、原始宗教を起源とする大自然を信仰した時代から祭られてきたと考えられる。

**②クルバン祭り**　クルバン祭りはイスラームを信仰している人たちの祭りの一つである。「クルバン」というのは「犠牲」という意味である。

紀元前一二世紀ごろ、預言者イブラーヒムが自分の忠誠心を神に示すために、息子イスマーイールをミナ山で神に捧げようとしたところ、神が羊を与えてくれ、その羊を犠牲にした、という故事から生まれたものである。

クルバン祭りの日の朝六時ごろ、七歳の男の子までは大きなモスクやお墓へ行って、クルバンナマズ（礼拝）をする。それが終わってから、神に対しての忠誠を示すために、羊（山羊か牛でもよい）を一頭屠殺する。肉はまず貧乏な人たちに少しずつ分け与える。農村では、まずモスクに礼拝しにきた一群の人々に食べさせ、残った分を家族で食べる。クルバン祭りのために屠殺した動物の肉を、三日間で食べてもらうのがイスラーム式のやり方である。

**③ローザ祭り**　ローザ祭りは、ラマザン祭りともいう。イスラームの人たちは毎年一ヵ月断食をして心身を清める。三〇日間断食をして、三日間休むのが、断食明けの「ローザ祭り」である。断食はイスラーム教の五行（信仰告白、礼拝、断食、喜捨、巡礼）の一つであり、イスラーム暦の九月に行なわれる。

断食の間、イスラームの人が経営しているレストランや食堂は閉められるはずだ。しかし、ウイグル人の中では断食するものが少なくなってきて、多くのレストランや食堂の経営者は閉店しないのが現状である。

## ウイグル人の結婚と出産

結婚は人生で最も重要な、最も意義深いことの一つである。結婚を誓う言葉を「ニカーフ」といい、新たに成立する新郎・新婦の家族間関係、親戚間における社会関係を「ニカーフ・トイ」という。もちろん、それぞれのウイグル人の生活条件は異なるので、結婚に関する行事は同一ではないが、一般的な約束事をまとめれば、次のようなものになる。

**①使者**　男性と女性が知り合って、付き合い、お互いに結婚する決心がついたら、自分たちの家族にそのことを伝える。双方の家族が婚約者を認めると、男性の側が女性の側に使者を送ることになる。使者は公正な立場で両者の間に立ち、双方の要求の調整を行なう。そして使者は、女性の側の同意を得た上で、「茶」を持ってくる時間を決めて、戻る。

**②お茶**「お茶」とは贈り物のことである。ウイグル人は、「お茶」を「小さなお茶（キチク・チャイ）」と「大きなお茶（チョン・チャイ）」という二つに分けている。

「小さなお茶」は、「承諾のお茶（マクル・チャイ）」あるいは「敬意のお茶（タズィム・チャイ）」ともいう。新郎となる男性の母は、何人かの女性とその中から選んだ使者を連れて、女性の家族に「小さなお茶」――すなわち何着分かの布地と何点かの品々を贈り物として持っていく。女性の側が承諾の意を伝えると、男性の側から行った人々が一斉に席から立ち上がって、自分の手を前に組んで敬意を示し、感謝の意を伝える。

次は「大きなお茶」である。「大きなお茶」とは、新婦側でとりおこなわれる贈答の儀式と考えればよい。「大きなお茶」には、新郎となる男性側と新婦となる女性の側から、男女あわせて五〇〜六〇人が参加し、女性に対しては衣装、またはその両親と近い血縁の親戚に対しては布地が贈られる。これらは席上のすべての人々に披露される。そのほか、何頭かの生きた家畜（おおむね羊である）、一定量の米、油（植物油）、ナン、砂糖、茶、塩なども贈られる。贈られた羊の首には赤い布が結びつけられ、男性の方の一人が牽いて行く。女性の方は羊を受け取る時に何か贈り物を贈り、羊を連れてきた人をねぎらう。

「大きなお茶」においては、箱（サンドゥク）が開けられ、持参されたものを入れる。その後、男性側が選んだ「箱あけ係」の女性が前もって準備しておいた「チャチク」（甘い菓子）を席に撒く。出席者たちは、それを「お宝」とみなし、奪い合う。

新郎側は新婦に捧げるために、何枚かのネッカチーフかハンカチ、あるいはシャツの布地を箱に入れておく。箱あけ係の女性は一回だけ結婚した女性であることが条件である。何回も結婚したことのある女性が取り扱うと、二人は離婚するようになってしまうという。二人の付き添い人も、未婚の男性と女性である。

双方の両親は、婚礼がイスラームの二大祭りの間の月（すなわち断食明け祭と犠牲祭の間の月）になってしまわないように特別に注意を払う。婚礼が二大祭りの間の月に行なわれると、新郎と新婦が仲良くならず、関係が悪くなってしまうという。

「大きなお茶」が完了した時、新婦側の親しい友人たちのうちの一人の母親が、特別な宴席を設けて娘を自分の家でもてなしたいと求める。そして婚礼の日に、彼女は新婦とその友人三〇~四〇人の娘を家に招く。

「大きなお茶」の日には、婚礼が行なわれる日取りが決定される。また「アシュス」（婚礼の時に新郎が新婦に贈る食べ物）のために、肉、油、米、ナン、茶、塩、人参、薪が用意される。

婚礼を行なう前、新婦の何人かの友人が「家飾り」のためにやってくる。娘たちが家を飾り終わった後、新郎側は石鹸、香水、ハンカチなどの品物を娘たちにわたしてもてなす。

「大きなお茶」が終了した後、男性と娘は自分自身で医師の検査を受け、医師の証明によって「結婚証明書」を取得して、法律上の手続きを終える。最近になって、この身体検査が論議になっている。人権侵害だからである。近いうちになくなっていくと思われる。だが一方、エイズの激増に伴って、検査が強化されているとも聞く。「結婚証明書」を取得してから、だいたい一週間後くらいで結婚式が行なわれる。

**③ニカーフ**（結婚を誓う言葉）　婚礼の日の朝、「ニカーフ」が読まれる。ニカーフが読まれてから一晩過ぎた後婚礼が行なわれるというのはよくないので、婚礼の前の日にニカーフが読まれるとい

うことはない。

ニカーフの時は、その場に新郎と新婦、およびその付き添い人が居合わせることが必要である。昔は、新郎が何らかの理由でニカーフに出席できない場合、新郎の持つ小さな刀かあるいはナイフに対してニカーフを行なうということもあった。

ニカーフは、新郎と新婦の「私は承諾します」という返事をすべての人が聞くことが条件である。ある人が「私は聞かなかった」と言った場合、聞いた人々のうちから一人か二人が「我々は聞いた」と証言すれば、ニカーフを継続する。

ニカーフが読まれた後、出席者たちは新郎新婦を祝福し、二人に塩水が入った二切れのナンを食べさせる。ウイグル人の考えでは、塩が二人の男女の愛を堅いものにするという。塩水にひたされたナンの塊を器から取る際、新郎の付添人と新婦の付添人は先に取ろうと競争する。先に取ったほうが相手側をこわがらないようになるからだという。

**④出産**　最初の出産は嫁の実家で行ない、赤ちゃんが生まれてから七日目に名前をつけて、一二日目にはゆりかごに入れる。お母さんは、できれば赤ちゃんが生まれてから一ヵ月目まではシャワーを浴びないで、セックスも二〜三ヵ月は控えることになっているとのことである。

産後四〇日までは実家で世話をし、産後四〇日に嫁の両親は自分の家族とともに「ゆりかごのお祝い」を行なう。ゆりかごの祝いには、舅・姑とその家族が親戚、近所の人々、友人の妻たちを招待してお礼をする。舅・姑は赤ん坊のために、おくるみ、毛布、衣服や装飾品などを送り、さらに娘の両親とその家族たちにも贈り物をプレゼントして、感謝の気持ちを表す。客が去ったあと、舅・姑は嫁と孫を伴なって嫁の実家を出る。赤ん坊のゆりかごが中庭から出ようとする時、香をたき、嫁と赤ん坊の頭に香の煙をかける。これはゾロアスター教の影響だと思われる。

## ウイグルの葬式

ウイグル人の葬式は、昔は鳥葬や火葬などだったが、イスラーム化されてから、土葬となった。病院や仕事場で亡くなったら、まず遺体を自宅へ運ぶ。夜中に亡くなった場合は、翌日の朝まで遺体を見守る。それからモスクに朝の礼拝にきた人たちが亡くなった人の家へ行く。

亡くなった人が女性の場合は、四人の女性がまず沐浴した上で顔にマスクをかけ、遺体を洗って清める。男性の場合は、四人の男性が遺体を洗う。洗い清められた遺体は白い布で覆われ、顔を家族や親戚に見せる。家庭によっては洗い清められた遺体に香水や香りのよい木の葉をかけることがある。

故人を偲ぶ儀式を「ナズル」という。ナズルの日にちは地方によって異なり、亡くなった日を含めて三日目に行なったり、四日目に行なったりする。トルファン地域では五日目、ウルムチでは七日目となっている。さらに、それから四〇日目、一年目、二年目、三年目とナズルを行なうことがある。

日本にも少なからぬイスラーム教徒がいるが、地元自治体の理解不足で、亡くなったイスラーム教徒に火葬許可書を出してしまい、遺体が焼かれたという話を聞いた。子どもが日本人の学校に入学して、給食に出された豚肉を食べてしまい大問題になったこともある。日本にとって、まだまだイスラームは遠い世界のことなのであろう。

## 旧都ヤルカンド

タリム盆地の西南隅、ヤルカンド（莎車）はこの盆地で一番大きなオアシスである。歴史の上では、前漢時代に「莎車」の名で現れ、地域の強国としてしばしば東のホータンや漢と抗争した。

タリム河の上流ヤルカンド河は、遥か南方のカラコルム山脈の高峰の雪どけ水を集め、崑崙山脈の山間部を北流して盆地の平原に出る。その扇状地に繁栄したのがヤルカンドである。

東はホータンを経由して青海省、甘粛省、南はチベット、インド、西はパミール高原を越えてイランと結ばれるシルクロードの要衝であり、交易の利益が豊かなオアシス農業と結びついて、この地に強力な国家を成立させたと考えられる。

オアシスの中心であるかつての都城は、ヤルカンド河の水流の変化などもあって何度も変わっており、いまだ正確な位置は判明していない。

一〇世紀になると、ヤルカンドの名前がイスラーム史料に登場するようになる。ヤルカンドは時のトルコ系イスラームの中心であったカラハン王朝の主要都市となり、イスラーム東漸の拠点として広く知られるようになっていった。そして、モンゴル系のチャガタイ・ハン国の時代に現在のヤルカンドの街が建設され、一六世紀のはじめにチャガタイの末裔が樹立したカシュガル・ハン国の首都となった。

この国は、系譜の上では一八世紀の半ばまで存続するが、王権は宗教貴族ホージャ家やモンゴル系のジュンガルの支配下にあって、きわめて制限されたものとなっていた。清朝がジュンガルを滅ぼし、タリム盆地に進出すると、その統治の中心が西隣のオアシスであるカシュガルに定められて、ヤルカンドの繁栄は終わった。それ以降は、ささやかな地方の行政と地域交易の中心市場として、細々と存在しているにすぎなくなる。

現在のヤルカンドは、カシュガル（喀什）地区に属する県の一つになっている。広い意味でのヤルカンド・オアシスには五つの県があるが、その中心はむしろオアシスの南端カルガリク（葉城県）にあり、ホータンやチベットへの道路もここを起点にしている。しかし、交通や石油工場などの産業化から取り残されたヤルカンドの街は、逆に遺跡の宝庫として私たちに残されている。旧市街の中心の広場には、ウイグル族の伝統歌曲「十二ムカーム」の収集・編纂をしたとされる王妃アマンニサ・ハーンの像と王族の墓がある。

## 誇り高きヤルカンドの文化と歴史

ヤルカンド在住のある絶対匿名という知識人から話を聞いた。

ここヤルカンドは二〇〇〇年の歴史がある街である。「ヤルカンド」には二つの意味がある。ヤールというのは大きな水という意味。洪水が来たところだからヤルカンドになった。もう一つ、ヤルカンドは漢字では「莎車」と書くが、この地名はカシュガルからパキスタン国境に向かったところにあるタシュクルガン付近のサリコルと呼ばれる場所の名前である。さまざまな史料を調べたところ、この名前は紀元前からあったと考えられている。ウイグル語では「ヤルルク・シャハル」といい、川のほとりあるいは淵という意味になる。

ヤルカンドの面積は八九五九平方メートル、人口は七〇万人。そのうちウイグル人は九八％で、次に漢族が多く、タジク、ウズベク、回族と続く。三～四万人は街の人で、そのほかの農村の人たちは米などを作っている。政府はコーリャンや綿も作れといっている。

しかし、農民は政府がいわなければ米とコーリャンだけ作っているだろう。儲からなくても人間が食べるものなので喜びになるからである。綿は食べられない。しかも、一般の農民は羊や牛も飼っているから、綿を作る余裕はない。

ヤルカンドの人々は他の土地で仕事をしたり、商売をするのは好きではない。政府が農民をいろいろな土地に連れて行ったが、みんなヤルカンドが一番いいといって、帰ってきてしまう。ヤルカンドは新疆で一番大きく美しい街だ。風はあまり吹かないし、水がある。地震もない。だから、みんなこの街が好きで外へは行きたがらない。やさしい人が多く、みなで守りあっている。ヤルカンドにはイスラームの重要な四人の聖人の墓がある。墓がこの街の人々を守っている。仏教からイスラームになる時、多くの戦争があったが、ここでは戦争はなかった。

ヤルカンドには四六ヵ所の観光ポイントがあり、そのうち九ヵ所が自治区級の観光ポイントだ。最も規模が大きいものはアルトン王墓である。同じ場所に墳墓のある王妃アマンニサ・ハーンの作った「ウイグル十二ムカーム」は、中央政府が登録した最も優れたウイグル文化の一つである。ただし、現在の墓は新しい墓だ。

アマンニサ・ハーンは一五一四年、カシュガルから東約二〇〇キロにあるメキトに生まれた。一五四〇年、二世王の妃となったが、一五六〇年の出産の時に難産で亡くなった。

アマンニサ・ハーンは王に嫁ぐ前、全ウイグル民族の音楽を集めて十二ムカームを作り上げた。十二ムカームには三六五の曲がある。一年は三六五日だからだ。そして、十二ムカームは演奏するのに二四時間かかる。一日は二四時間だからだ。

「なぜ十二ムカームというのか」と聞くと「一年は一二ヵ月あるからだ」と彼は説明してくれた。しかしこれは俗説であり、正しいかどうかというよりも、それほど多様で豊かな内容が含まれていることを強調したいが故のいい方であろう。このヤルカンドの知識人はこうも言っていた。

ヤルカンド人は昔から心が優しい人が多い。それは、この街が昔から商人の街ではなく、王の土地だからである。外国や外地から人が来てもすぐ仲良くなれる。ヤルカンドのまじめなムスリムには、サウディアラビアよりももっと厳格な人がいる。女性はスカーフをかぶり、手も見せない。見せるのは眼だけである。男もきちんと帽子をかぶる。古いモスクのあたりや旧バザールのところにそういう人が多い。

家にいる時と外に出る時は違う。外に出る時はきれいにして出ていく。しかし、新しいバザールのあるこのあたりの人はあまり習慣を守らない人が多い。そういう人には、改革開放後、漢族の学校に行った人が多い。

仏教の痕跡があるという場所で天井を撮影したが、フラッシュの光が届かなかった。まだまだあちこちにそのようなものがあるだろう。別に仏教を擁護するつもりはないが、ウイグル人たちがそれを仏教のもの、あるいは仏教の習慣だと知らずに日常生活に組み入れていることが相当あるのだろうと思う。

ガイドのオスマンと二人で閉店間際になった近くのレストランに入る。ここのウェイトレスは、頭にはスカーフをかぶって眼だけしか出さず、つま先まで全身を黒い服で覆うスタイルである。女性がスカーフをかぶるということには、クルアーンの教えのほかに、もう一つの理由がある。それは乾燥しきった沙漠の風や砂が吹きつけるもとで顔や肌や髪を大切にする女性としての身だしなみなのである。

最近はこのような店が多くなった。いつか友人に、「原理主義の影響が強くなったのでは?」と聞いたことがある。しかしそれは私のような異教徒の単純な推論であった。「世の中に戦争やテロや日本のように理由のない殺人などの犯罪が多くなったので、私たちはクルアーンに立ち戻って、クルアーンの精神で生活をするしかないと思うようになったからです」との明確な答えが返ってきた。

もともと「原理主義」とは、アメリカ南部の超保守的なキリスト教徒から出てきた「キリスト教原理主義」という用語が起源である。アメリカ南部には二一世紀になった現在でも、「太陽は地球のまわりを回っている」と天動説を主張しているほどのウルトラ原理主義史観に基づいた教科書が存在しているのである。

一方、イスラームのジハード(聖戦)とは必ずしも戦うことだけではない。イスラームの教えを普及し、イスラームの教えを信じてもらうことだと聞いた。しかし、仏教は平和裏にアジアで布教されたが、イスラームは四〇〇〇年もの戦争を続けて、仏教を追放したのである。仏教とイスラームの、この違いはどこから来るのだろうか。

## カシュガルの仏教遺跡

カシュガル郊外にはあまり観光客に知られていない仏教遺跡がいくつかある。
二〇〇三年、私が最初に行ったのは、モル・ブッダ遺跡である。これは、カシュガルから東北方向約三〇キロの台地にある仏教遺跡で、現在は二つの仏塔があり、長さ、高さとも一二メートルくらいある。古代の琉勒国のものであろう。一九九九年に新疆ウイグル自治区の重点文物保護単位に指定されている。

観光料を払う入り口などはない。遺跡を歩いていると、どこからともなく現れた人物が手を出し、ガイドが入場料を払うのである。

道々、カシュガルで薬剤学校の教員をしている旧知の友人が、あまりうまくない日本語で「ウイグル族の農家には欠かすことのできないロバ車でできたタクシーは一キロ一元」、「昨日、ここは日曜バザールで数万人の人出だった」、「トルファンよりカシュガルの方に美人が多い」などと一生懸命にガイドをしてくれる。また、ウイグル人たちはすれ違う人の顔つきを見て、おおよそホータン人かカシュガル人か、あるいはどこの出身かがわかるという。

続いて「三山洞」に行く。ここは紀元二～三世紀ごろに作られたと見られている。文革前の一九六二年から新疆ウイグル自治区の重要文化財保護単位に指定された。ここを流れるチャックマック河はクルグズから流れてくる。チャックマックはウイグル語で「雷が鳴る」という意味だそうだ。ここはインドから仏教が初めて入ってきた場所で、壁画があったが、一〇〇年ほど前に列強探検隊がほとんど持ち去ってしまい、文革でも激しい破壊にあっている。

仏教遺跡などの崩壊には多くの要因がある。まず、日干しレンガが主要材料であるために自然崩壊しやすい。また、付近の住民が生活のために立ち入って炊事のために火を燃やしたり、子どもたちが入り込んで遊んだりして壊れていく場合もある。さらには、イスラーム教徒が教義に反するものとして敵視して破壊したこともある。そして最後に、あの「文化大革命」で徹底的に破壊されたこと。要するにさまざまな原因で崩壊が進んだのである。だが、その崩壊を食い止める活動は、遅々として進んでいない。

# 第7章　殉教のホータン

タクラマカン沙漠の南縁を走る西域南道

ホータンのポプラ並木

ホータンのバザールで渋い声をはりあげてメロンを売るおやじさん

ヒツジのバザール

ホータンのバザールでスイカを買う人たち

ガソリンスタンドに石油を運んできたロバ車の「タンクローリー」

織物工場で学校にも行かず働く少年たち

ホータンのバザールで。お母さんのそばで宿題かな。

ホータン郊外の長寿村の132歳の老人。100歳で18歳の未亡人と再婚し、6人の子をなしたという。

ケリアで伝統的な帽子をかぶっているおばあさんに写真を撮らせてもらった。

## 崑崙の玉

ホータンは古名を漢字で「于闐《うてん》」と書く。チベット語のウテンの音訳である。さらにチベット語の「リーユル」、インド系の「クスタナ」などの呼称もある。ニヤ遺跡から出土した木簡（古代、文字を書き記すために用いた細長い木の札）には、クスタナあるいはクスタナカとあり、玄奘三蔵の「懼薩旦那」に対応する言葉である。これはサンスクリット語のゴー（大地）・スターナ（乳房）の音写語で、毘沙門天の神助により大地が盛り上がってできた乳房で育てられたとするホータン建国伝説に由来する。

ホータンは古くから中国人が最も珍重した玉《ぎょく》の産地として知られている。ホータンの玉は既に紀元前一六世紀に始まる殷代から用いられているから、太古からホータンと中国とは交流があったわけである。『漢書』西域伝は、ホータンを次のように記している。

于闐《うてん》国は、王が西域に治し、長安を去ること九千六百七十里。戸数三千三百、人口一万九千三百、勝兵が二千四百人いた。（官吏は）輔国侯・左右の将・左右の騎君・東西の城長・訳長がそれぞれ一人いた。東北のかた都護の治所まで三千九百四十七里、南は婼羌国に接し、北は姑墨国に接している。于闐の西は、川の水がみな西に流れ、西海に注いでいる。その東は、川の水が東流して、塩沢に注ぎ、黄河の源流が出ている。玉石を多く産する。西は皮山《ひさん》（グマ）に通じ、三百八十里。

張騫が西アジアからの帰路、それぞれの土地の人から聞いた報告を要約したという『史記』大宛列伝にも、「于闐から西では、川はすべて西に向かって流れ、西海（アラル海）に注ぎます。于闐から東では、川は東に向かって流れ、塩沢《えんたく》（ロプノール）に注ぎます。塩沢は地下水となって流れていきます。その南で地上に出て黄河の源となります」と記されている。張騫が聞いたように、タリム盆地には伏流する河があちこちにある。

漢字とインド文字（カロシュティー文字）が併記された貨幣（シノ・カロシュティー銭）の出土や、このオアシスの住人たちの言語ホータン・サカ語の普及範囲、そして中国の皇女が絹の製法を密かに運び込んでホータン王に嫁ぐ伝説などは、この地に成立した文化や国家の国際性と周辺への影響の大きさを物語っている。

しかし、一〇世紀にイスラームの勢力がパミール高原を越えて東に伸びて、文化の共通化が始まると、交易路に変化が生じるようになった。南隣のチベットに仏教が定着したこともあり、東西交易の主流が天山山脈沿いのルート（西域北道）に変わり、ホータンを経由する路線が傍流になってしまったのである。ロプ地方の荒廃も同じ理由からである。それ以降ホータンは地域の中心ながら、かつての国際性が失われたといわれている。

現在のホータンは漢字で「和田」と書くが、かつてのホータン＝于闐があったのはこの地ではない。和田の東にある現在のケリアである。

## 仏教とイスラーム

ホータンをはじめとする南疆はかつて仏教が隆盛を誇っていたが、一一世紀ごろにイスラームの勢力下に入った。そして、仏教関連の施設はいつのまにか砂に埋もれてしまう。ホータンで、ある歴史学者から聞いた話を記す。

タクラマカン沙漠は、昔はこんなに大きくはなかった。仏教遺跡は沙漠の外にあった。しかし、現在はほとんどすべての仏教遺跡が沙漠に埋もれている。

かつてオアシスに位置していた仏教遺跡や故城が現在、沙漠の中にあるのは、気候環境が悪くなった上に、私たちが自然を守れなかったからである。水が少なくなって木が枯れ、砂が移動したが、私たちは生活のためにさらに木を伐って使ってしまった。その結果、沙漠は次第に広がり、ケリア（かつての于闐）県では街まで四キロぐらいのところまで砂が攻めてきている。特に文化大革命の時にはひどく環境が破壊された。現在では沙漠を守る砂政策ができ、政府は木を植えて砂の流れをコントロールしようとしている。

仏教は二世紀ごろにインドのカシュミールからホータンに入ってきたといわれている。その後、カシュガル、クチャ、トルファンに広まり、中国、朝鮮を経て日本にも入っていった。このように仏教は約一〇〇〇年間も西域の全域で仏教文化の花を咲かせ、隆盛を誇ったのである。

トルコ・イスラーム化する以前のアーリア・仏教時代に繁栄したホータンは、これを攻撃する側のイスラーム教徒からは「殉教のホータン」と呼ばれた。豊かなオアシスの富に支えられた仏教側が強力な抵抗を継続して、多くの殉教者をイスラーム勢力から出させたからである。約四〇年にわたる抵抗のあと、一一世紀はじめにようやくカラハン王朝軍がホータンの仏教政権を滅亡させたが、その間に多くの仏教寺院や建築物が破壊された。

イスラーム教徒は彼らとの四〇年間にわたる抵抗戦争を闘った仏教徒を「ガンコな連中」と呼んでいるが、イスラーム側の犠牲が非常に多かったので、仏教徒の墓を暴き、仏教寺院などをことごとく破壊した。そしてその上に自分たちイスラーム教徒の墓を作ったのである。最も多く破壊されたのはカシュガルだったといわれている。だから今ではカシュガルには仏教遺跡がほとんど残っていない。

西域ではそのような戦争を経たので、仏教的な文化や習慣が次第になくなっていき、イスラーム文化が入ってきた。仏教は平和裏に西域に根づいたが、イスラームは、ホータン、カシュガルから全新疆を攻略するまで、なぜ四〇〇年間もの熾烈な戦いを経なければならなかったのか、改めて考えてみたいと思っている。

しかし、西域から仏教が消えてからおよそ一〇〇〇年近くが過ぎた現在でも、いまだに新疆各地に仏教やそれ以前の宗教・信仰の残滓が存在しているのを、私は自分の目で見てきた。

「キリスト教を信仰しているウイグル人は少ないけれど、いることはいる」という話だったので、どれくらいの数がいるのか聞くと、「アクス地区二二〇万人のうちでは一〇人くらいいるだろう」ということ。それは確かに少ない。彼らは同じ場所に集まって生活しているようだが、どこにいるのか誰もわからないということだった。

「紀元前三世紀ごろに仏教が入来するまで、ホータンの人びとはさまざまな宗教を信仰してきた。最初は火を崇めるゾロアスター教を信仰した。神の象徴である太陽、火、星も信仰した。そのあとはシャーマニズムである。水、風、土、木などを信仰し、大自然を大切にし、自然を信仰してきた」

仏教にはさまざまの伝承があるという。この歴史学者は次のような伝承を紹介してくれた。

ある日、ワイル・カナという聖人が杏の公園で一心不乱に修行していた。驚いた村人たちはホータンの王に報告した。興味を持ったホータンの王は聖者にいろいろ質問した。聖者は「私は釈迦の弟子である。仏教を伝えるためにインドの地から来た」といった。聖者の話を聞いた王は仏教に帰依し、「仏教を伝えることを許す。仏教を伝えなさい、仏塔を造りなさい」といった。こうしてユサ・サンユ・ハワというホータンの王が最初の仏教徒になった。王が仏教を信仰したので、ホータン人はみな仏教を信仰し始めた。初めにホータンで作られた仏塔は「ゼンモ寺（漢語では賛木廟寺。後述のコックマリム洞窟）」で、その後、たくさんの寺院が造られた。ペルシア語やアラビア語によるホータンの歴史や伝説などによると、ホータン市の周囲五〇〇ヵ所以上に寺院が造られたという。それ以降、北はクチャ、南はホータンが仏教の中心になった。仏教は発展していき、たくさんの寺院が造られた。

四〇一年三月、中国の有名な僧法顕《ほっけん》がホータンにやってきた。法顕はホータンの仏教の祭りを見に来たという。毎年四月一日から一四日まで仏教の祭りが行なわれた。ホータン城のまわりの一四ヵ所に大きな仏塔を造り、そこに一四の大きな仏像を造った。そして、そのきれいに飾られた仏像を大きなおみこしのような山車《だし》に乗せ、一四の街をまわった。老若男女みなこれを見て楽しい時間を過ごした。

祭りの日には、王や王宮の人たちが一般の人たちを迎え入れることになっていた。仏像を乗せた車が王城の近くに着くと、王は王服を脱いで裸足で城楼から降り、右手にお香、左手に仏典を持って、仏像を載せた車の前で礼拝をしてお香をたく。この時、ホータンはまるで天から花びらが降ってくるようにお香の薫りがいっぱいになり、非常に感動的な雰囲気になったと記録されている。このような行事が一四日間も続く。法顕もこのような行事に参加したといわれている。

今は仏教の祭りはなくなったが、イスラーム教徒として四月に墓参りする人が多い。有名な墓場を順番にお参りするのは、その影響だろうと思われる。

ホータンでは仏教が盛んになるにしたがって、山や谷あるいは川のそばに仏像や仏塔がたくさん造られた。六〜七世紀ころ、玄奘三蔵はホータンに六ヵ月間滞在したといわれている。当時、ホータンの人々はみな仏教徒になっていたので、玄奘三蔵を熱烈に歓迎した。今、私たちが確認できる寺院は二〇ヵ所ある（現在、ホータンには一三八ヵ所余りの仏教遺跡が確認されている。彼のいう二〇ヵ所は開放されて見学が可能な観光ポイントのことだろう）。

一〇世紀後半からイスラームがホータンで盛んになりはじめた。その後、中国から仏僧が来て、膨大な経典を持ちかえった。ホータンでは仏教文化が非常に盛んだったので、仏教に関連する芸術・ドラマ・踊りや習慣がたくさん残っていた。二〇幕もののドラマの記録もあるが、今はない。仏教がなくなることによって、すべてのものがなくなっていった。

現在ではケリア河の周囲には、まだ仏教の影響が色濃く残っているが、仏教を信仰している人はいない。ヨートカン遺跡は仏教が衰えるまで都だったところである。

ホータン人は長い間仏教を信仰していたので、イスラームになっても、心の中で仏教を信仰していたかもしれない。一〇〇年くらい前にはホータンに漢人もたくさんいて、仏像を持っていた漢人もいた。

ホータン人の中には景教（ネストリウス派キリスト教）を信仰したものもいた。

また、次のようにゾロアスター教の影響も残っている——火を信仰する。月や太陽に向かって大小便をしない。頭や歯が痛くなったら、頭に大きな布をかぶり、綿花、木の枝や草などに火をつけて頭や体のまわりに回す、など。

ホータン語やホータン文字は残っている。昔のホータン語をしゃべれる人はいないが、文字を読める人はいる。自治区博物館の館長イスラフィル・ユスフ、研究員アブドゥケユム・ホジャ、北京では耿世民やアイトルスンなどの研究者がいる。

サカ人（スキタイ）が入ってきた時、インド語とインド文字も一緒に入ってきた。サンスクリット文字である。現在、読める人はいないが、史料として発見されているものはある。

一九三〇年頃、ホータンでも大きな戦争があった（短命に終わった東トルキスタン・イスラム共和国政府樹立に至る回族の蜂起を指すのだろう）。その頃、ホータンには漢人の寺院があり、寺院の中で修行をする漢人の仏教徒もいた。しかし、一九三〇年以降、仏塔はほとんどが破壊された。

## コックマリム洞窟

トルファンの章で、トルファン郊外にある吐峪溝千仏洞のイスラームの聖地にチベット仏教のタルチョがはためいていたことを述べたが、ホータン郊外にあるコックマリム洞窟でもタルチョに遭遇した。漢字では「庫克瑪日木石窟（賛木廟寺）」と書く。コックマリムはペルシア語で「蛇の山」という意味である。前出の歴史学者はホータンで最初に造られた仏塔だというが、私は法顕が四〇一年にこの場所へ立ち寄った時、ここを賛木廟（ゼンモ）寺と名づけたと聞いている。

コックマリム洞窟は、仏教徒の寺院や墓のある聖地だった。イスラームが入ってきた時、ここにイスラーム軍が攻めてきたが、仏教徒の抵抗が根強く、逆に一人のムスリムがこの洞窟に立てこもって死んでいったという。その後、ここはイスラームの聖地となり、今でも墓守りがいる。

マイクロバスではとても登れないのではないだろうかと思われるほどの急坂を上り下りしてたどり着いた。狭い通路を通ると祠があり、子どもたちが遊んでいた。ここが目的地かと思いきや、さにあらず、さらにそこから狭いはしごをよじ登って、体をねじるようにしてようやく洞窟にたどりついた。聖地だというのに、そこでも子どもたちが遊んでいる。子どもにとっては、絶好の遊び場所なのである。ここにも、吐峪溝千仏洞と同じように、チベット仏教のタルチョがはためいていた。

タルチョは、チベット仏教の象徴である。チベット仏教では、峠、山、湖などは、みな聖なる場所だ。そのようなところには例外なくタルチョがはためいている。コックマリム洞窟も吐峪溝千仏洞も仏教の聖地だった。そこがイスラームに取って代わられた。しかし、一般のムスリムはタルチョが仏教のものだということを知らなかった。そこで今でもイスラームの聖地にタルチョがはためいているのである。

ではなぜ、このあたりにチベットのタルチョがはためいているのだろうか。それはこの地域が、南の崑崙山脈を越えた先にあるチベットに近いからである。ホータンとさらに東のチェルチェン、ニヤなどではチベット仏教やボン教などの影響がきわめて強かったという。

## ゾロアスター教の影響

ゾロアスター教、別名「拝火教」は古代ペルシアで起こった民族的な宗教である。教祖は預言者ゾロアスターで、経典は『アヴェスター』。ゾロアスターは紀元前七世紀から前六世紀の人である。その教えはアケメネス朝から七世紀のササーン朝滅亡まで、ペルシア人の精神生活を支配した。この宗教の主神はアフラ・マズダなのでマズダ教ともいい、またこの宗教では古いペルシア人の伝統によって火を神聖視したので、拝火教とも呼んだ。

ゾロアスターの教えは、善神アフラと悪神ダエーヴァの信仰を基礎としたもので、善神は多数的存在ではなく、光明と知恵の神アフラ・マズダを唯一最高神とする一神論的理念と、この世を善神と悪神の所産とする二元論的哲学を基礎としている。そしてアフラ・マズダが悪神ダエーヴァを敗北させることにより、神の王国が到来するという。

ゾロアスター教は中国では祆教《けんきょう》と呼ばれ、南北朝の周、斉朝には王家や民間にも広まった。隋・唐時代には西域人の来住により、各地に祆祠（拝火の殿堂）が建てられたので、それら西域人の取締まりのため、「薩宝」という府を置いた。祆教は唐代に最も栄えたが、「会昌の廃仏」（八四五年、武宗が道教を保護する一方で、仏教・景教・祆教などの外来宗教を弾圧した）によって弾圧された。しかし実際には五胡の時代から宋・元時代まで各地に祆祠があったという。

人類が未開の段階から文明の段階に入った重要な印が「火」であったことは間違いないところで

あろう。人々は火を畏れるとともに、きわめて神秘的に接触していたので、当時の原始的で素朴な認識では、「火」は明確な神の威力とみなされた。こうして火の崇拝を基本的な教義とするゾロアスター教が現れたのである。

古代ウイグル人たちの間ではこの宗教の影響がとても強かったという。火の信仰のいくつかの影響は現在もなお慣習となって続いている。例えばウイグル人の婚礼の習慣では、娘を嫁がせる時に中庭か入口の手前で火が焚かれ、花嫁を敷布団の「キョルパ」の上に乗せて、二人がその端をつかみ、火をその上に巡らせる。

花嫁を運んでいく道でも、いくつかの場所で篝火《かがりび》が焚かれる。篝火に火をつける人には花嫁側が若干の贈り物をし、花嫁を絨毯の上に乗せて篝火の上を越えて通すことが慣わしとされている。

花嫁を花婿の家まで連れていく時には、家の敷居に赤い絹の敷物をしき、花嫁にその敷物を踏ませて部屋に連れて入る。そして、この絹の布を婚礼に参加する新婦側と新郎側の双方から引っぱりあい、バラバラに引き裂いて奪い合う。手に取った布の切れ端を婚礼の記念として保存したり、腕に結びつけたりする。この赤い絹布が「火」の象徴なのである。

新疆各地のウイグル人がかつてゾロアスター教を信仰していたというから、ホータンだけにその影響を残っているとは思えない。きっとウイグルという世界の奥深いところで、さまざまな宗教の残滓が生きているのだろう。

ウイグル人たちが赤い色を大切にすることも、火に対する信仰と関係があるのだろう。いくつかの地域では、メシュレプの時、開けた場所で篝火に火をつけ、まわりに円をつくって踊る習慣がある。

バラット月（イスラーム暦の八月）に、長い棒の先に油をつけたひょうたんを取り付けて火をつけ、高い塀や屋上へ登って、歌とともに「washamusi」と唱える慣習もある。古くからのもので「ひょうたんを燃やす儀式」と呼ばれているが、これも火に対する信仰のしるしである。

なおwashamusiをカタカナで表現すれば「ワッシャームス」である。これは現在の標準ウイグル語にはなく、ホータン方言だが、めぐりめぐって日本のお祭りなどで使う「ワッショイ」になったという説がある。クチャの舞楽が日本の雅楽になった実例があるので、まったくの作り話とも思えない。いずれ明らかにされる時が来るのを楽しみにしていたい。

いくつかの辺境地域と遊牧の民の冬営地では「火移し」と呼ばれる宗教的迷信が残されている。子どもが急にお腹が痛くなった時、七つの部屋から綿をさがして燃やし、その子の頭の上でまわす。これを「火移し」に慣れた、秘伝を受け継いでいる老女たちが行なうのである。

火を尊重するこうした慣習が数多く残っているという。すべてがそうではないかもしれないが、ゾロアスター教の残滓だと考えれば確かに納得がいく。

## 絹織物と絨毯

西域南路に位置するホータン地区は、新疆における養蚕と絹織物業の一大中心地である。ここには自治区直属の養蚕研究所があるほか、自治区最大の規模を持つホータン絹織物工場があり、織物の一部は輸出されている。

七世紀にこの地を通った玄奘三蔵も、「住民は氍毹《くゆ》（毛織）・細氈（細糸の毛織）を産出し、糸を紡ぎ絁紬《しちゅう》（つむぎ織）に巧みである」と伝えている（『大唐西域記』）。千数百年の昔から、絨毯はホータン・オアシスの代表的産品であった。それは現在でも変わっていない。

絹については、面白い伝説が残っている。于闐国にはもともと桑の木もなく蚕も育たなかった。国王は東の国、唐朝に使者を出して教えを請うた。だが、東の国では養蚕や絹織物の技術を門外不出の秘伝としており、関所をかためて往来の荷物を厳しく調べ、蚕や桑の種の国外流出を防いでいた。そこで、于闐国王は東の国に婚姻を申し入れ、姫君は帰郷の際、ひそかに種を求めた。関所では荷物のすみずみまで調べられたが、姫君の冠だけは調べられなかった。種は冠の中に隠されていたのである。それ以来、于闐国には桑の木が生い茂り、養蚕や絹織物業が盛んになったという。

## 一〇〇歳以上の人たち

ホータンは長寿地域として有名である。少々古い資料だが、一九九二年の調査では、ホータン地区では一〇〇歳以上の長老が一一四人いた。そのうち二人はクルグズ人である。男性は八九人、女性は二五人。中には一三五歳の人もいたという。一〇〇歳以上の人たちのうち一〇七人が農民で、七人が牧畜民。二人だけはホータン市内に居住しているが、ほかの人たちは農村に居住している。ほとんどが学校教育を受けておらず、文字を読める人は二～三人しかいない。

ホータンも非常に乾燥しており、雨はほとんど降らず、砂嵐が多い。このような厳しい自然風土の中で、一〇〇歳以上の人たちはどのような食生活をしているのだろうか。聞いた話をまとめると、長寿の秘訣は次のような暮らしぶりに集約されるようだ。

早寝早起き、毎日バランスよく食事を摂り、好き嫌いはない。朝はくるみの粉末などを入れたお茶にナンをつけて食べる。朝食は必ずとり、川の水を銅製でつくったヤカンに沸かして飲む。野菜の種類が少ないため、にんじん・たまねぎ・かぶ・白菜などをよく食べる。干しぶどうとくるみとナンもよく食べる。冬は小麦や高粱の粉で作ったおかゆに干し杏を入れて食べる。肉や卵も適当に食べる。赤いバラの花びらに蜂蜜を入れて作った、有名な「バラのジャム」を毎日食べる。

できるだけ裸足で山を歩くなどの運動をする。心の落ち着いた日々をすごす。トラブルがあってもまず落ち着いてゆっくり考える。落ち込むことがあっても自分をコントロールして、自然の流れに合わせていく。家族関係のバランスをとる。子どもたちや孫たちといる時間を多くとる。精神を豊かにするために踊りを踊り、歌を歌うなどして楽しみ、タバコは吸わない。

一〇〇歳以上の人たちの中でタバコを吸ったことがあるのは二人だけ。それも若い時に二年ぐらいだけだという。ホータンは果物の産地なのでメロン、すいか、ぶどうなどをよく食べるということも共通している。

一〇〇歳以上の人たちは、歴史や文化生活を教えてくれる「生きた辞書」でもある。ホータン人の大昔からの伝承を語ってくれるのは、主として一〇〇歳以上の人たちである。

一〇八歳のカイム・アホン（アホンはイスラームの指導者あるいは尊師）は「若い時にかつぎやの仕事をし、インドへ三三回、トルファンへ三回歩いて行った」と語った。

一〇〇歳以上（正確には覚えていないという）のメイニサハン・エメットさんは「美味しいか、美味しくないか関係なく、まず何かを食べる。それから仕事をする。空腹での仕事は絶対にしない」と語った。

ホータン市の近郊農村地帯にある、一三二歳だというおじいさんのお宅にお邪魔した。年齢はウルムチの新疆テレビ局が調べたそうである。奥さんは五〇歳。彼女は一八歳の時に一〇〇歳の彼と再婚したことになる。再婚とはいえ、なんで一八歳の女性が一〇〇歳ものおじいさんと一緒になったのだろうか。金で買われたのか、はたまた、さらわれたのか（これは冗談だが）、その時の事情は私には想像もつかない。

率直に言って、読者の皆さんには「果たして生殖能力があったのかどうか」ということが、最も関心のあるところだろうし、私も同様である。そこまで露骨に聞くことははばかられたが、今は息子と娘が六人いる。二人の間の子どもであることは、どうやら真実のようである。孫も七人いる。夫婦の下の娘は一八歳になり、彼女と同じ歳になる一八歳の先妻の孫もいる。ついでながら、日本のＴＢＳテレビが一九九七年に取材に来て、余計なことに血液検査をして、本当にこのおじいさんの子どもかどうかを鑑定して、「間違いない」という結論が出たとのことであった。本当に余計なことをしたものだと思うが、内心それを聞いてほっとした。

本当に一三二歳なのか。ウルムチのテレビ局は、五〇年前、八〇年前、一〇〇年前、一二〇年前の頃の社会的な出来事や歴史的な事件などについて聞き、矛盾点がないかどうか、当時の年齢と食い違いがないかという方法で調べたそうである。このおじいさんに話を聞いた。

健康の秘訣なんか特にないけれど、暑い夏も裸足で歩き、ここの川の水を飲んで、農作業をした。毎日、コーリャンを少しずつ食べて、バラの花びらに蜂蜜を入れて作った「バラのジャム」を食べている。羊のスープ（ショルパー）にナンをちぎって入れて食べ、（樹齢七〇〇年の）くるみの木の実を粉末にして水に溶かし、それにナンをひたして食べる。今は元気になった、痛いところもない。

ワシは一九七二年に一〇〇歳で結婚した。妻は一八歳の花嫁だった。結婚してから三二年たったからワシは一三二歳、妻は五〇歳だ。仕事は羊飼いだったが、酒もタバコものんだことはない。国の王様は六回変わった。今の中国が一番いい。何でもあるし、とにかく昔と違って、食べられるからいい。大変だったのは、一九三三年の戦争だった（一一三ページ参照）。回族の村がたくさん皆殺しにあった戦争だった。一〇歳から四〇歳くらいの男はみな軍隊に連れて行かれた。私は山に逃げた。文化大革命の時は、毎日ケンカや争いばかりだった。

今はモスクに行けなくなって三年たつ。耳も悪くなった。一年ほど前からあまり話もできなくなったが、最近は多少よい。今はコーリャンのパンを肉のスープにつけて食べる。くるみもやわらかくしてお茶に入れて食べる。商売が好きなので、子どもたちがやってくれれば嬉しい。上の息子は山で羊を飼っているので、羊がたくさん増えたら嬉しい。

一三二歳のおじいさんの、夢のような話だった。

## ケリアの青年

ホータンから西域南道を東へ三二〇キロほど走った辺りに、ケリアという小さな街がある。かつて于闐《うてん》国があったところである。

ケリア県の人口は一六万人。漢族が二〇％のほかは、ほとんどがウイグル人である。ケリア県の人は一〇％は商売をし、五％は仲買業で、残りは農民である。農村で作っているものは綿花、コーリャンと米などである。

このケリアの街の青年に恋愛・見合いや結婚について話を聞くことができた。

「ケリアでも二〇〇〇年頃から好きな人と結婚できる率が大体七〇％くらいになりました。私は七年前に親の決めた女性と結婚しました。好きな女性がいましたが、親の決めた人と結婚しました。好きだった女性も大学まで行って結婚して、今は先生をしています」

――日本は好きな人がいたら結婚するけれど、ウイグルの社会では親が反対したら結婚できないの？

「とても好きになったら一緒になるかもしれませんが。しかし、そのとき自分は一七歳だったので、親には好きな人がいることを恥ずかしくて言えませんでしたし、親のいうことに逆らえませんでした」

「友達で同棲する人はいるの？」と聞いてみた。通訳のオスマンも「同棲」という言葉の意味がわからなかったが、やっと理解して通訳してもらうと、断固としていわれた。

「そういう人は絶対にいません」

なぜなら彼らは一日五回の礼拝をし、酒もタバコもやらない敬虔なムスリムだからである。しかし、それは「ムスリムとしてはそのようなことは許せない」という意味であって、「そういう人はいない」ということとは話が違うのかもしれない。

現実にはかなり多くの都市青年や学生たちが半同棲生活を送り、あるいは結婚している若い夫婦の中には不倫をし、離婚している人もいる。「半同棲」というのは、二人で住む部屋がないからである。当然、ラブホテルもない。だから泊まることはできないのである。しかし、独身男性のオスマンがあとでこっそり教えてくれた。トルファン市内にも、その手の「ピンクのドレスを着た派手な女性たちがいて、特別のサービスをしてくれる」店があるという。蛇の道はヘビ、であろうか。

ケリアの青年と話を続ける。

——今、仕事は何をしているの？

「二〇〇二年から漢族相手に観光地のお土産の卸業をやっています。私だけでなく若い人の八〇％がそういう仕事をしています。私も二〇〇三年一一月から一年間、上海で仕事をして、五万五〇〇〇元儲けて帰ってきました」

——あなたの将来の夢は？

「二〇〇二年までは何をしていいかわからなかったけれど、商売のうまい人と組んで儲かった人が多い。そのおかげでバイクを買う人が増えました。以前は泥棒をする人も多かったし、酒を飲んだり、ビリヤードで遊んでばかりいた人が多かったです」

——ウイグル族以外との結婚は？

「回族と結婚する人は一％くらいいますが、異民族との結婚は一人もいません」

——日本をどう思っている？

「日本は中国よりも新疆よりももっといい国です。中国と同じものでも、日本製の車、ビデオやカメラなどは大変よいものです。そのことをウイグル人はみんな知っています」
——子どもの将来とケリアの将来をどう思っているか？
「子どもが六歳になったら、二年間何としてでもクルアーンを勉強させ、アラビア語、中国語や英語が上手になればいいと思っています。特に日本語を勉強させて日本に留学させたいですね。ケリアの街については、誰でも思うことですが、住みよい美しい街にしたい。この街の人の八〇％はそう考えています。でも、突然やってきて、金だけ儲ければいいと思っている漢人はそんなこと考えていません」

一九七八年の鄧小平による「改革開放政策」は新疆ウイグル自治区の社会生活に基本的な発展をもたらした。電化生活の促進、航空・道路交通網の拡充なども著しく、多くの人びとがその恵沢を享受している。とりわけ、近年になってからのインターネットの普及により、人々は情報の交流や共有化とともに、中国国内や世界の現実を知ることになり、意識の改革などあらゆる分野において変化が起こっている。

一方で、日本も含めた欧米文化の流入によって、倫理観の欠如、麻薬や暴力などの退廃現象、そして西欧民主主義と合理主義・個人主義という新たな志向が、ウイグル人社会とりわけ青年層に持ちこまれることになった。その一つの現れであろうが、親の決めた相手や希望しない相手との結婚を拒否したり、恋愛結婚あるいは同棲・半同棲が増えてきている。さらに、性病・エイズや売春婦の激増などの事実もある。しかし、農村部では、恋愛や結婚に関しては昔通りのしきたりが依然として幅をきかせている。都市と農村部の落差が著しいのである。

このような現象は一九七八年の改革開放政策の発動直後には誰もが予測できなかったことであり、今、ウイグル人社会は自分たちの歴史にかつてなかったような事態に戸惑っているといった状態にある。

## ウイグル人の家族関係

ウイグル人の家族関係について述べておきたい。

ウイグル人は非常に長い期間、封建権力の統治のもとで暮らしてきたため、家族習慣の中に父系関係の影響が強く現れている。家長（男性）の家庭における地位と権力は非常に大きく、家族成員は家庭内部の役割分担、相続権、家庭と社会との関係を処理する場面などで、ことごとく家長の判断に従うことを義務づけられる。

例えば、家計の収支を管理・処理し、家庭のすべての財産を所有する権利は家長となった男性に属し、誰も家長に代わることはできない。家長が死んでしまったり、あるいはなんらかの原因で家を出てしまって、長い間、帰ってくることができなくなった場合は、集落の長老やまわりの人たちの保証や証言のもとで、その家庭の長男（もしその家庭に男子がいなければ家長の妻）が代理人として処理することになる。

財産相続は主にイスラーム法で定められた規定に基づいて実行される。すなわち、家族の中で男子は一人前、女子は半人前という割合に従って遺産が分配されるが、その家の一部分の財産、農機具、食器、飲食具、家具は遺産の対象外とされ、その家を継ぐ男子に残される。もし、両親が健在の時に養った孫やひ孫やそのほかの者がいれば、彼らはこの家の成員として肉親同様に財産を継続する権利を得る。

ウイグル人社会では男子が成人して結婚しても、すぐには独立しない。独立することになった時に両親が健在である場合には、必ず独立した子どもの家計と生活の糧は実家と結びつけられる。両親が健在であるにもかかわらず、遺産を要求することは、よくないことだとみなされる。

父親と同居してその家を継ぐことができるのは末子である。だから、ウイグル人の昔話やダスタン（叙事詩）の中では、末子が勇者あるいは賢者として登場することが多い。

ウイグル人の習慣では、「私」を中心として、上に数えれば父と母までが一代であり、祖父祖母までが二代である。「私」から下に数える場合では、息子と娘が一代であり、孫を二代として、ひ孫が三代であり、玄孫《やしゃご》が四代で、来孫《らいそん》が五代とみなされる。

このようにして九代までが直接の血縁とみなされ、この血縁関係同士の婚姻は禁じられている。それにもかかわらず、農村地帯では自分に属している土地や財産を守るために、二代親戚（従兄弟関係）から互いに結婚させる年寄りもいる。

家庭関係に関連していえば、ウイグル社会では家庭教育の主役は母親である。嫁を決める時もまず相手の家を訪ね、母親の服装、話し方、料理の作り方や出し方、客に対しての態度などによって、判断するのが一般的だという。この母親なら娘も安心だろう（あるいはだめだろう）と判断するのだから、母親の責任は重大になるが、その責任に見合うだけの権利は認められているとは思えないのである。

## 色鮮やかなウイグルの帽子

ケリアの女性は、白いスカーフの上に小さい黒い帽子をつける習慣がある。その黒い小さい帽子の下の直径は一〇センチ、上の直径は三センチ。このように白いスカーフの上に黒い小さな帽子をつけるのは既婚女性だけである。街を歩いていてもその帽子をなかなか見つけることはできなかったが、二〇〇六年八月、小さなバザールの入り口でやっと見つけて買い、たまたまその帽子をかぶっていたおばあさんに出くわして、許可を得て写真を撮ることができた（二一三ページ）。

ウイグル語で帽子は「ドッパ」という。帽子はウイグル人の伝統的な服装の一つである。昔からウイグル人は葬式の時には帽子をかぶらなければならないことになっている。人が亡くなると霊魂は死体の頭から離れてあの世に行ってしまうという言い方もある。だからウイグル人は、葬式に行く時には自分の魂を守るためにも、必ず帽子をかぶって行く。もちろん頭はとても大事なところなので、寒さ、暑さや激しい砂嵐あるいは自然の災害などから頭を守るためにも帽子をかぶるという意味もある。

ウイグル人はいつごろから帽子をかぶり始めたのか、原始的な帽子の形はどのような形だったのか、よくわからない。さらに、さまざまな色や花、文様を使うのはなぜなのか、四角や丸いかたちはどんな意味があるのか、興味は尽きない。

しかし最近、バザールなどで売られている帽子の質はとても悪くなってきている。ウイグルの帽子はウイグル人の象徴だからもっといい質のものを作らなければならないと思っている人が多い。外国人は新疆に来ると多くの人が帽子を買う。外国人に質の悪い帽子を売るのは、自分の民族を侮辱することと同じことになるというのに。

ウイグル人の帽子は約二五〇種類もあるといわれ、それぞれにいわれや物語がある。地域によって形、文様や呼び方も違ってくる。

例えば、バダムドッパ、タシケントドッパ、ゲレムドッパ、メンプドッパ、トゥグチュメンプドッパ、ウニチェドッパ、カルトンドッパ、イリメグッリクドッパ、チィエメンドッパ、トルバスカンドッパ、マルジャンドッパ、スイダムドゥハワドッパ、シャパクドッパなど。

また、ウイグル人は四季によっていろいろな帽子をかぶる。頭にかぶるものは総じて「ボーク」

や「ドッパ」と呼ばれるが、男女が冬にかぶる帽子で、特に羊や子羊の皮でできたものは「クラクチャ」と呼ばれる。地方によって「トゥマク」「テェリペク」という呼び方もある。

男女が夏にかぶる帽子は一般に「ドッパボック」と呼ばれるが、女性の帽子は地域、形、材料や文様によっていろいろな呼び方がある。絨毯のような文様でできたものは「ゲレムドッパ」、真珠でできたものは「ウニチェドッパ」、金糸でできたのは「ゼエルドッパ」、アーモンドのような文様で作られたのは「バダムドッパ」である。また、地名の付いた呼び名もある。「カシュガルのドッパ」、「トルファンのドッパ」、「コムル（ハミ）のドッパ」などだ。

女性の帽子のかぶりかたもいろいろある。地方によってスカーフの下にかぶる場合もあるが、スカーフの上にかぶる場合もある。あるいは、スカーフを帽子の前に挟んでかぶる習慣もある。

コムル（ハミ）では、女性は帽子の前側に金や銀で作られた月のような丸い形でできた飾りを付ける。コムルの言葉では「モハザ」と呼ばれるものである。漢字で「帽花子」と書いて、発音は「モウファズ」、これがモハザになったといわれている。金持ちは金の飾りにダイヤモンドをつける。帽子に付けた「モハザ」の材料や大きさがその人の財産や地位の目安となるわけである。帽子に「モハザ」をつけるのはコムルだけで、それもほとんど結婚した女性がつけるものである。

男女が冬にかぶる「クラクチャ」は生地やつくりかたによって値段が違ってくる。狐や子羊の毛つきの皮でできた帽子は比較的高価である。中国元で二〇〇〇～三〇〇〇元から三〇〇～四〇〇元のものまである。

昔からウイグルの女性は、自分で帽子を作って、好きな人や親友、親戚などに最高のプレゼントとして送ったという。しかし帽子をかぶる習慣が次第に薄れ、最近ではお祭り、結婚式、葬式などでしか帽子をかぶらなくなってきている。かわりに農村の女性はペルシア系の黒いスカーフをしているが、都会の女性は帽子もスカーフもしなくなった。

## タクラマカン沙漠横断道路

ホータンの東のニヤ（民豊）からタクラマカン沙漠を突っ切ってルンタイ（輪台）、コルラに向かう。タクラマカン沙漠道路の横断は約七〇〇キロの旅である。

ニヤからすぐに左折してタクラマカン沙漠公路に入った。暗くなる前にできるだけ先に行こうということで、オスマンは時速一六〇キロほどの猛スピードで走る。シルクロードの道路は簡易舗装なので、アスファルトが薄い。道路が夏の高温で波打って、そのままかたまってしまうので、常識では考えられないほどの揺れ方をする。車酔いする余裕もないほどである。

二車線の道路の両側二〇メートルくらいに、片側二〇本の黒いパイプがどこまでも続いている。沙漠化の進行を防ぐために植樹して、黒い給水パイプから水を散布するというものだ。四～五年ほど前から工事が始まったという。二～四キロおきに、赤い屋根と青い壁の「水井房」と書いた、新疆では珍しくしゃれた色合いのカラフルな小屋がある。

車を停め、一つの小屋に行ってみると、中年の夫婦が住み込みで働いていた。給料は一人七〇〇元、二人で一四〇〇元だという。現金収入の少ない農村の貧困地域では、願ってもない高収入の仕事である。八ヵ月働いて一ヵ月の休暇があるという。しかし訪れる人も少なく、テレビもコンビニもないここの日常はどういうものなのか。

小屋と小屋が二～四キロ離れていても、かなり「隣」との付き合いがあるようで、同じブルーの作業服を着た人たちが、上り下りの坂道が多い沙漠公路を、ペダルをこいでお隣さんちに走っている姿が見られた。建物にナンバーがついているので数がわかる。小屋は合計で一〇七あり、そのうち二〇余りは無人であった。

ビニールのパイプは、沙漠公路約七〇〇キロにわたって延々と敷設されている。大規模な工事であったろう。工事の効果が現れて、沙漠化の進行が食い止められることを望みたい。新疆は春から夏にかけて強い砂嵐が吹き荒れる。砂対策は重要な課題なのである。

沙漠公路を半分以上進むと、やがてタリム河にさしかかる。タリム河の一〇キロくらい手前の道路から沙漠に灌木が見えはじめ、その木々が次第に大きくなる。タリム河の水の恵みがこんな遠い距離のところにまで及んでいるのだ。

タリム河に近づくと、ところどころ石油掘削のヤグラから赤い焔が見えてきた。そもそもこのタクラマカン沙漠公路を建設したのは、タクラマカン沙漠に膨大な量の石油埋蔵量が確認されたからである。しかし、先日の新聞ではタリムの石油は当初の予測より埋蔵量がうんと少なく修正されたようだ。これについても当局からの正式発表はない。

車のエンジンがうなりをあげて吼えている。「中国の車がこんなスピードでよく壊れないなあ」とオスマンに話しかけた途端に、私の声が聞こえたのか、タイヤがパンク。懐中電灯一つでオスマンと二人でタイヤを交換する。手袋をスーツケースに入れていて使えなかったので指がちぎれそうなほど冷たい。

やがて沙漠公路はルンタイの街に入る。そこから間道を伝ってコルラに着いたのは深夜だった。疲れきってシャワーを浴びる気もしない。そのままベッドに倒れこんだ。

## 日本人の恋人がいます

翌朝、出発時間を一時間早く間違えて、スーツケースを押してフロントに降りる。仕方なく荷物を置いてブラブラしていると、赤い制服を着た美しいウイグル人のドアレディが漢語で話しかけてきた。

「先生、私には日本人の恋人がいるのですが、『我愛你』を日本語でなんといいますか?」

「私はあなたを愛していますっていうんだけれど、その人は独身なの？　外国に行って女性をだまして悪いことをして、日本に帰ったら知らんぷりする既婚者が多いから気をつけなさい」と久しぶりの漢語でいう。

するとと「彼が結婚していてもかまいません。私は日本語を勉強して、とにかく日本に行きたいんです。そのことを継父に話したら殴られました。ここはもうイヤです。あそこのフロントの漢人女性たちも、私が先生とこうしてお話ししているだけでも上級に報告するんですよ。そうなると批判された上に給料も引かれるんです。あんな漢人たちも大嫌いです。早く日本語を勉強してここから出て、日本に行きたいんです」という。

その日本人の「恋人」という存在は、けっして彼女から愛されているのではなく、彼女が日本に行くための「道具」か「踏み台」なのである。

女優の水野真紀によく似た笑顔の美しい彼女は、自分の苦しみと希望を懸命になって話してくれる。ウイグル人にしては抜群に美しい流麗な北京語だった。

「日本に来られるようになったら私に連絡しなさい。がんばって日本語を勉強してください」というと、彼女はイスラームでは見知らぬ男性にはしてはいけない握手を私に求めてきた。目に涙を浮かべながら彼女は両手で私の右手を強く握り締め、何度もその手を振った。その手の力の強さが彼女の願望の強さを物語っているようだった。

私たちはいつまでも手を振っている彼女に別れを告げてコルラを立った。彼女があまりにも美しく、言葉も美しかったので、呆然としていたのだが、あとで冷静になって考えれば、初めて会ってすぐに別れてしまう外国人にそこまで話すものなのだろうか。彼女は自分の生まれた国と故郷と家族を捨てるといっているのである。それほどこの国がいやなのだろうかと思う。たぶん、彼女は「恋人」と称する日本人青年がもう来ないことがわかっているので、今度は私を通して日本に行く機会をつかみたいと思ったのであろう。彼女が働くホテルに来る外国人や日本人にはその都度、同じセリフをいっているのだろうと思うと、哀れをおぼえる。

新疆各地をまわって実感したことは、実に多くのウイグル人が、日本へ、とにかく外国へ行くことを望んでいることであった。私と会ったほとんどすべてのウイグル人は、機会があれば自分あるいは息子や娘を日本や海外に留学させたいという。果たして日本はそんなに美しい夢の国・蜜の国なのだろうか、住みよい天国なのだろうか？

人権が未確立でまだまだ法治よりも人治が優先する国、そして政府批判の許されない国から見れば、確かに日本は自由な花園なのであろう。多くのウイグル人は日本に行けばお金がたくさん入って幸せになれると信じている。しかし、本当にそうなのか。衣食住や医療・福祉など、生きていくための基本的な費用が日本と比較してきわめて安いというのは、社会主義の優位性を表しているともいえるのだが…。しかし「とにかく外国に行きたい」といわれてしまえば、私には何もいえない。

# 終章

恵遠城楼から見たイリ市内

イリの友人宅で昼から夕方まで8時間もの食事タイム。この間一滴のアルコールもなし。

イリ市内にあるオロス（ロシア）族の小集落。ロシアの伝統とお墓を大切に守っている。

イリ近郊のサイラム湖畔。カザフ族のパオ。

二〇〇四年一一月、一二月の二ヵ月間近くにわたって、主にシルクロードのオアシスルートを歩いてきた。敦煌に取って返したり、草原路（ステップルート）のイリ・アルタイにも行った。しかし、オアシスルートの楼蘭、ロプノールには行けなかった。楼蘭へ行くには莫大な費用がかかる。学術研究を目的とするパーティを編成するか、あるいは大手の旅行会社で高額の大型ツアーでも組織しない限り、行くのは難しい。

最後にイリ・アルタイ地域について簡単に述べておきたい。イリ・アルタイ地域は、天山山脈を中心とした新疆の西北境に位置し、ロシア・モンゴル・カザフスタンとの国境を接したイリ・カザフ自治州、ボルタラ・モンゴル自治州などの広い範囲からなる。イリ・カザフ自治州はイーニン（伊寧）が州都で、塔城地区とアルタイ地区が含まれる。この地域は気候がよく、古くからシルクロードのステップルートの要衝にあたり、「青い草原」「黄金の道」とも呼ばれてきた。

オアシスルートといえば、交易商人がタクラマカン沙漠でラクダに乗り、東西南北の各オアシスをまわりながら商売をしている姿が目に浮かぶ。しかし、ステップルート＝草原路の人々の姿を一般化すれば、馬に乗って広大な草原で放牧しながら、人物や動物などの姿を石に刻み、数千年の北疆草原文化（遊牧文化）を生み出した、ということになろうか。

特にアルタイ地域の七〇ヵ所で発見された岩刻画は草原文化の粋ともいわれる。そのモチーフは人間・動物・車両・生殖など多彩で、四〇〇〇年前から紀元一一世紀までの長い歴史を持つものとみなされている。石に刻まれた突厥文字の碑文もよく見るが、タクラマカン沙漠周辺で発見されているような壁画や紙に書かれた文章はほとんどない。ミイラもほとんどない。

衣食住の姿も違う。南疆では、ぶどう、杏、棗《なつめ》などを干す習慣が一般的だが、この地域ではミルクをチーズにして保存食にすることが多く、そのほか牛肉・馬肉をよく食べる。ミルクティは毎日欠かせない飲み物である。

また、南疆ではシルクや綿の織物が多いが、ここでは羊・馬・牛などの毛皮で作られたものも多い。住居も、包（パオ）がこの地域の象徴的存在である。「折りたたみの部屋」とも呼ばれるパオ（あるいはゲル、ユルタともいう）は運びやすいし、夏は涼しく冬は暖かい。各地域の中心部つまり市内では定住生活をするが、郊外や放牧地域では遊牧が生活の中心となる。アルタイ地域などには夏と冬の住まいがあり、季節によって移動しながら遊牧する。

気候も違う。イリ・アルタイ地域には、雪や雨が比較的多いので、年平均の降水量は二〇〇ミリ以上となる。一方、カシュガル、ホータン地域の年平均の降水量はそれぞれ六六・四ミリ、三四・八ミリにすぎない。

ステップルートにはまた金・銅・石炭などの鉱産資源が豊富で、自治区級保護単位として管理される場所が多い。

さあ、これで今回の旅の報告は終わりである。

ウルムチからイリまでの片道の飛行機の距離約七〇〇キロも含めると、実に一万五〇〇〇キロに及ぶ旅となった。

やはり、シルクロードはロマンだけのところではなかった。イスラームの戒律が厳しく存在しており、民族独自の伝統、習慣がさまざまな形で日常を規制している。さらに中国の中での少数民族としての政治的立場と、厳しい経済格差の問題がある。もちろんイスラーム以前の古い昔からの歴史も、遺跡として、また数々の風俗習慣や人々の立ち振る舞いの中に存在しているのは明らかだ。それらも含めたすべてが、二一世紀のシルクロードのロマンといえるのかもしれない。

さらに、われわれ非イスラームの人々にも、新たな課題がつきつけられているようにも思える。イスラームにもあらゆる宗教にも、排他的という側面が表れる。私たちがイスラームを理解し、受容することは、私たち自身の課題にもなっている。

非イスラーム世界は、もっともっとイスラームとの文化交流を進めることが必要であろう。いずれにしろ、シルクロードは古来から、文明の交流ルートとして発達してきた。それは、現代も昔も同じことであるが、戦乱や争いのもとでは途絶した。今もアフガン・イラク地域は安全な旅が保証されない。

シルクロードは平和な世界でこそ発展するのである。私たち一人一人が、自分のいる場所での平和の営為を確実に進めることが、その保証になる。

## 参考文献

加藤九祚『シルクロードの大旅行家たち』岩波ジュニア新書
可児弘明・国分良成・鈴木正崇・関根政美編著『民族で読む中国』朝日選書
小松久男ほか編『中央ユーラシアを知る事典』平凡社
長澤和俊編『シルクロードを知る事典』東京堂出版
田畑久夫ほか『中国少数民族事典』東京大学出版会
野口信彦『もう一つのシルクロード——西域からみた中国の素顔』大月書店
——「シルクロード——中国・西域の歴史と少数民族」『研究誌　季刊中国』一九九八年冬号、日中友好協会
——「イスラム教の動向と中国の民族問題」『研究誌　季刊中国』二〇〇〇年冬号、日中友好協会
プルジェワルスキー『西域探検紀行選集「黄河源流からロプ湖へ」』(加藤九祚、中野好之訳)白水社
仏教大学ニヤ遺跡学術研究機構『シルクロード　ニヤ遺跡の謎』東方出版
若桑みどり『戦争とジェンダー』大月書店
玄奘『大唐西域記』(中国古典文学大系　第二二巻)(水谷真成訳)平凡社
司馬遷『史記列伝』(小川環樹・今鷹真・福島吉彦訳)岩波文庫
班固『漢書』(小竹武夫訳)筑摩書房
グリ・アルズグリの各種論文(未発表)
マイラ・メメティ「中国新疆ウイグル自治区における不就学問題——南新疆の実態」(論文)

朱培民、陳宏、楊紅『中国共産党与新疆民族問題』新疆人民出版社
張志尧主編『草原絲綢之路与中亜文明（草原のシルクロードと中央アジア文明）』新疆美術撮影出版社
劉賓編選『《福楽智慧》蔵言選粋』新疆科学技術出版社
『中国新疆　名勝古跡旅行指南』新疆人民出版社
『迷人的新疆（チャーミング新疆）』中国画報社
ハルブーザ会における家島彦一氏の講演「海の道再発見――海洋交流から見たダイナミック・アジア史」
財団法人秀明文化財団による「MIHO　MUSEUM　研究紀要　第四号」における加藤九祚氏の「講演資料」中のシンポジウム「中国の中央アジア人――シルクロード東端の発見」
龍谷大学・中田裕子「唐代ソグド系突厥の反乱――通商ルートの支配権をめぐって」（第四回遼金西夏史研究会報告）（インターネット）
「中国旅行リング」中国旅遊連絡網（http://homepage.nifty.com/chitoshi）（インターネット）

**野口信彦**（のぐち・のぶひこ）

| | |
|---|---|
| 1943年 | 東京、深川に生まれる |
| 1965～66年 | 北京体育学院に留学 |
| 1969年 | 新日本体育連盟東京都連盟事務局長＆全国常任理事 |
| 1986～2004年 | 日本勤労者山岳連盟の専従事務局長 |
| 1987年 | 狛江山遊会結成、会長に就任 |
| 1990年 | 2ヵ月間カザフスタンの天山山脈を巡る |
| 1993年 | パミール中央アジア研究会の設立に参加 |
| 1998年 | 日本シルクロード文化センターを設立 |
| 2004年 | 日本勤労者山岳連盟事務局長を退任、副理事長に選出される<br>新疆各地を2ヵ月間旅する |
| 2005年 | 「シルクロードクラブ・こまえ」発足、代表となる |

**【著書】**『幻想のカイラス』（東研出版、1997年）、『もうひとつのシルクロード』（大月書店、2002年）

日中友好協会「季刊中国」に随時執筆、2005年1月から同協会の「日中友好新聞」に毎月連載。

シルクロードの光と影

初版第1刷発行 2007年2月18日

定価　2500円＋税

著者　野口信彦
装丁　水戸部功
発行者　桑原晨

発行　株式会社めこん
〒113-0033 東京都文京区本郷3-7-1
電話 03-3815-1688　FAX 03-3815-1810
ホームページ　http://www.mekong-publishing.com

印刷　モリモト印刷株式会社
製本　三水舎

ISBN978-4-8396-0203-1 C0030 ¥2500E
0030-0701203-8347